敵意歸因偏誤 × 被同齡人排擠 × 期待獲得關注
曾經的受害者如何變成殺人不眨眼的惡魔？

凝視深淵 著

CONTROL
完全支配

渴望成為「神」一般的殺手

【喬・麥瑟尼】三明治好吃吧？那可是人肉做的呢！
【加藤智大】都已經發布殺人預告，仍然沒有人在意我
【唐納德・加斯金】連嬰兒也不放過的他，獄中繼續作案

想要確認自己存在的意義，一不小心竟成了罪犯；
但這種主控感真是欲罷不能，再也不會被人瞧不起！

目錄

007　浴室牆壁上的古怪留言
　　　——威廉・喬治・海倫斯

023　凶手死後與被害人葬在一起
　　　——斯塔克韋瑟

041　面孔上怵目驚心的疤痕
　　　——艾瑞克・埃德加・庫克

051　脖子上的死亡蝴蝶結
　　　——艾爾伯特・迪塞佛

069　太平間裡被割掉胸部的女屍
　　　——彼得・杜帕斯

079　大腦中居住著一個惡魔
　　　——BTK 殺手

目錄

095　挾持警察做人質
　　　——保羅·約翰·諾爾斯

103　引爆炸彈殺獄友的殺手
　　　——唐納德·亨利·加斯金

111　用處決的方式殺人
　　　——大衛·卡彭特

121　陽光男孩喜歡在黑夜殺人
　　　——理察·拉米雷斯

135　堅稱自己無辜的罪犯
　　　——蓋瑞·麥可·海德尼克

145　DNA證據在美國的首次使用
　　　——蒂莫西·史賓賽

157　以笑臉為簽名的殺手
　　　——吉斯·傑普森

171　熱心司機的死亡陷阱
　　　——伊凡・米拉特

185　鬧著要做變性手術的殺手
　　　——保羅・查爾斯・德尼爾

203　出售人肉三明治
　　　——喬・麥瑟尼

211　扒火車流竄作案的鐵路殺手
　　　——安赫爾・馬圖里納・雷森迪茲

221　不斷更新的犯罪
　　　——馬克・埃林・拉斯特

233　到豪華飯店去殺人
　　　——頌吉・蓬普旺

245　在監獄裡舉行婚禮
　　　——馬克・古多

目錄

253 原因不明的臭味
　　——安東尼・索維爾

269 自認不如垃圾有用的宅男
　　——加藤智大

283 藏匿在盆栽中的屍體
　　——布魯斯・麥克阿瑟

浴室牆壁上的古怪留言
——威廉·喬治·海倫斯

浴室牆壁上的古怪留言──威廉・喬治・海倫斯

在1945年6月到1946年1月之間,芝加哥和周邊地區發生了三起令人震驚的謀殺案。被害人的身上有多處致命傷,顯然凶手的目的就是殺人,根本沒打算留活口。在作案現場,凶手用一支口紅在浴室的牆壁上留下了幾句古怪的留言:「看在上帝的份上,在我殺死更多的人前趕快抓住我吧,我已經控制不了自己了!」凶手也因此被媒體稱為「口紅殺手」。

第一個被害人是43歲的約瑟芬・羅斯(Josephine Ross)。約瑟芬在與丈夫離婚後,就和兩個女兒瑪麗(Mary Jane Blanchard)、賈桂琳(Jacqueline Miller)居住在芝加哥北部埃奇伍德區的一間小公寓裡。

1945年6月5日的下午1點半左右,賈桂琳回家吃午飯,結果發現家裡有點不對勁。家裡的抽屜全部被拉開,椅子也被打翻了,報紙扔得到處都是。賈桂琳突然產生了一種很不好的預感,她急忙跑到母親的臥室,結果發現臥室裡到處是血跡,牆壁上、窗簾上和家具上都濺上了血,約瑟芬則趴在床上,已經沒了生命跡象。約瑟芬的喉嚨被多次刺傷,頭上還裹著一件衣服。

賈桂琳立刻報了警。警方在對案發現場進行調查取證的時候,發現房屋裡所有的錢都不見了,而且隔壁的浴室裡,浴盆水池裡血淋淋地浸泡著幾件女性的衣服,包括內衣。除此之外,警方沒有發現指紋和其他線索。

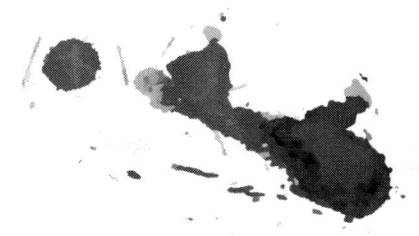

　　警方從賈桂琳和瑪麗那裡了解到,在案發的當天,約瑟芬像往常一樣起得很早。等她們姐妹起床後,約瑟芬與她們簡單聊了一會兒,她們就各自去上班了,約瑟芬則獨自一人留在家裡睡覺。

　　警方認為這很可能是一起情殺案,就將約瑟芬的前夫和男朋友當成了重要嫌疑人,結果調查發現這兩人都有確鑿的不在場證明。一時間,警方的調查陷入了僵局,案件偵破沒有任何進展。

　　僅在半年之後,芝加哥又出現了一起謀殺案,這次的被害女性是一個退役軍人,名叫弗朗西絲・布朗(Frances Brown),是個身材嬌小、有著棕色頭髮、看起來十分端莊的女人。她就住在距離羅斯住處不遠的松格羅夫大街松林頂公寓611室。

　　1945年12月11日的早上,女傭瑪莎・恩格斯(Martha Engels)發現了弗朗西絲的屍體,當時她注意到611房間的門大開著,收音機正在播放,而且開得聲音很大。瑪莎覺得不對勁,就探頭向611房間看了一眼,然後就發現床上濺滿了血,旁邊還有一條血跡向浴室蔓延。瑪莎走進浴室一看,發現弗朗西絲渾身赤裸著躺在浴缸裡,脖子上插著一把刀,腦袋上還有一個彈孔。浴室的牆壁上有一行用口紅留下的古怪留言:「看在上帝的份上,在我殺死更多的人前趕快抓住我

009

浴室牆壁上的古怪留言—威廉・喬治・海倫斯

吧,我已經控制不了自己了!」

警方趕到案發現場後,發現弗朗西絲房間裡的錢也都不見了。這一次,警方在門框上找到了一枚血指紋,這是一個極其重要的線索和證據。

弗朗西絲是前一天晚上被人殺害的,當時她獨自一人在家。弗朗西絲的鄰居喬治・溫伯格告訴警方,他在凌晨4點左右聽到了槍聲。夜班工作者約翰・戴德里克告訴警方,在凌晨時分看到一個可疑的男子從電梯裡走出來,他看起來大約35～40歲,體重約140磅(約63.5公斤),他看上去非常緊張的樣子,在前門摸索著離開了。警方懷疑,凶手應該是透過消防通道進入被害人的住所的。有一種推測認為,凶手極有可能是個女人,因為「看在上帝的份上」這個詞比較女性化。

對於芝加哥警方來說,盡快將口紅殺手抓捕歸案成了最重要的工作,但一直苦於沒有線索,直到1946年初發生的一起案件,才讓警方的調查取得了突破性的進展。

1946年1月7日,這天是星期一,詹姆・德格蘭(James Degnan)像往常一樣叫女兒們起床上學,結果發現6歲的蘇珊娜・德格蘭(Suzanne Degnan)的房門關著,這讓詹姆覺得很奇怪。蘇珊娜是個膽小的女孩,從不敢獨自在黑暗中睡覺,總會開著臥室的房門。當詹姆開啟臥室門後,發現蘇珊

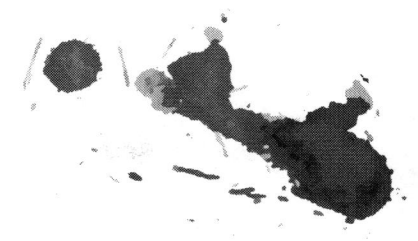

娜不見了，臥室的窗戶全部被開啟。詹姆嚇壞了，立刻叫醒妻子海倫（Helen），他們搜遍了整個房間，都沒有找到蘇珊娜。

詹姆和海倫有兩個可愛的女兒，分別是蘇珊娜和伊莉莎白（Elizabeth），他們一家人就住在紐澤西州北區埃奇沃特，生活得很幸福。在星期日的晚上，詹姆親眼看著蘇珊娜上床睡覺，結果到了第二天早上，蘇珊娜就不見了。

警方接到報案後，立刻來到了詹姆家中。警方在蘇珊娜臥室的地板上發現了凶手留下的勒索信，這封勒索信如果不仔細看，就像一張廢棄的紙巾。勒索信上寫著：「準備兩萬美元，等我的消息。別告訴 FBI 或警察。我只要 5 元和 10 元面額的紙幣。」背面是綁架者留下的警告：「為了她的安全，把這個燒掉。」

勒索信上的字型十分古怪，上面的單字不規則地夾雜著使用了大、小寫字母，看起來就像在寫五線譜一樣，警方懷疑綁架者有較高的音樂造詣。

與此同時，芝加哥市市長收到了一封指責羅斯福總統和物價管理辦公室為所欲為的信，字型與勒索信十分相似。而蘇珊娜的父親詹姆正好在物價管理辦公室工作。

警方在蘇珊娜臥室的窗戶下面發現了一架梯子，綁架者應該就是透過這個梯子爬進了蘇珊娜的臥室。經調查，這架

浴室牆壁上的古怪留言—威廉·喬治·海倫斯

梯子是一家托兒所丟失的。

在之後的幾天內,詹姆接到了幾通勒索贖金的電話。後來警方透過調查發現,打電話的並非真正的綁架者,只是兩個小混混,在聽說此案後想藉機撈一筆。

由於失蹤者是個 6 歲的孩子,警方十分重視,就連新任警察局長約翰·C·普倫德加斯特也親自參與了調查。警方對整個地區展開了搜尋,希望能找到目擊者,但還是一無所獲,直到警方接到了一通匿名電話,匿名者暗示警方去搜查德格蘭家附近的下水道系統。

接到匿名電話的當天晚上,兩名警察李·奧洛克和哈利·貝諾伊特在溫思羅普大街上看到了一個好像被移動過的下水道井蓋,於是就用手電筒照進裡面,結果看到了一個像金髮娃娃頭一樣的東西,那正是蘇珊娜的頭顱。

蘇珊娜的屍體被肢解成數塊,並被凶手扔到幾個下水道裡。警方在發現蘇珊娜頭顱的附近街區一棟公寓的地下室洗衣房內發現了大量的血跡和頭髮,警方認為這應該就是凶手的分屍現場。法醫在檢查蘇珊娜的遺體碎塊時發現,凶手在分割屍體的時候非常精準和俐落,甚至連一般的醫生都做不到這樣。法醫推測凶手一定是個諳熟解剖學的人,或者是個非常有經驗的屠夫。

蘇珊娜只是一個年僅 6 歲的小女孩,卻被凶手用十分殘

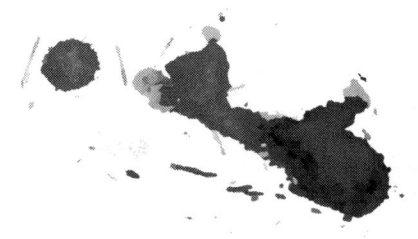

忍的方式殺死，這讓整個芝加哥都憤怒不已，警方不分晝夜地在芝加哥展開搜捕，這場搜捕行動是芝加哥有史以來規模最大的一次。警方走訪了三千多名可疑者，希望將真正的凶手抓捕歸案，但一切都是徒勞。

由於帶著一個孩子在街道上很容易引起路人的注意，所以警方認定凶手在作案時一定開著車。但這只是警方的推測而已，警方雖然能對凶手進行大量的推測，卻需要一條具體的線索來為警方的調查工作指引方向。

警方將那封勒索信送到了聯邦調查局的實驗室，專家從上面提取到了指紋。之後，芝加哥的警方開始寄希望於透過指紋比對來尋找凶手，於是花費了數月時間來與數千名有作案嫌疑者的檔案進行比對。這是一項工程非常巨大的工作，但所取得的效果並不明顯。直到半年後的一個夜晚，警方在抓捕了一個入室行竊的持槍嫌疑人後，才有了具體的懷疑對象，他就是大學生威廉・喬治・海倫斯（William George Heirens），還不滿 18 歲，經常在案發地點出沒。

1946 年 6 月 26 日下午，海倫斯離開大學宿舍，準備去一趟郵局，他身上的錢不多了，得到郵局兌現一些債券，當然這些債券都是他偷來的。海倫斯將債券放到錢包裡，穿上外套，並在裡面藏了一把左輪手槍就出門了。

海倫斯來到了霍華街的車站，乘車到芝加哥北邊的斯科

浴室牆壁上的古怪留言—威廉・喬治・海倫斯

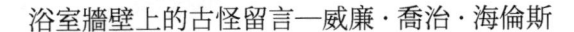

基郊區,那裡有個郵局,他對這個地區非常熟悉,曾多次到郵局兌現支票。來到郵局時,已經下午三點左右,海倫斯發現郵局的大門緊鎖著,已經打烊了,這個意外讓海倫斯非常憤怒,他決定到誰家去偷點錢。

海倫斯來到了一棟熟悉的公寓,當他正要偷錢的時候,突然聽到一個人大喊「抓賊」,原來屋主的鄰居發現了他。海倫斯沒有防備,被嚇得不輕,立刻逃走了。許多人聽到有人偷東西,紛紛趕來,一直追趕著海倫斯,跑了幾個街區後,海倫斯終於甩掉了這些人。

此時海倫斯的體力已經透支了,他決定透過消防通道尋找一個安全的巷子離開。就在海倫斯爬上消防通道的時候,已經有人報了警,警察提芬・迪芬和威廉・歐文斯迅速趕來,並在兩端的樓梯處等待海倫斯的出現。

當海倫斯發現自己的退路已經被警察堵住了,就拿出了手槍朝警察射擊。幸運的是,海倫斯手槍的子彈卡住了,這讓警察有機會迅速靠近海倫斯。海倫斯的激烈反抗讓兩名警察的抓捕工作陷入了一場混戰之中。

就在這個時候,海倫斯的頭部被重擊了一下,他大叫一聲後就昏了過去。原來,一名正在休假的巡警阿布納・坎寧安正好路過此地。當他看到此景後,立刻拿起一個花盆朝著海倫斯的腦袋狠狠地砸去。

　　警方在調查海倫斯的時候，發現他雖然年紀不大，卻多次被捕。13 歲時，海倫斯就因非法持槍被逮捕。海倫斯雖然在芝加哥大學學習電氣工程專業，是個成績非常優秀的學生，但一直入室盜竊。

　　海倫斯所犯的盜竊案，讓警方懷疑他就是殺害羅斯、弗朗西絲和蘇珊娜的凶手。在審訊中，海倫斯說自己偷竊只是為了緩解壓力而已，堅決否認自己殺人。

　　在當時，由於法律對嫌疑人的保護不夠，警察在審訊嫌疑人的時候，極易使用暴力手段。例如公寓看門人赫克托·費爾伯格（Hector Verburgh）就曾被警方當作嫌疑人拘捕起來，儘管他是個半文盲，也不懂醫學。在審訊過程中，費爾伯格遭受了十分暴力的對待，以至於他在 10 天後被放出來時直接去了醫院接受治療。費爾伯格也因此獲得了 2 萬美元的高額賠償。

　　不論警察們如何對待海倫斯，拳打腳踢也好，奚落、嘲諷也罷，海倫斯就是不開口，警察一時間也拿海倫斯沒辦法。後來，警察開始使用當時的「高科技手段」來審案，對海倫斯使用了硫噴妥鈉（俗稱「吐真劑」）和測謊儀，但還是沒能從海倫斯那裡獲得有價值的線索。

　　既然海倫斯不開口，警方就只能寄希望於證據。首先是指紋比對，警方將海倫斯的指紋與弗朗西絲公寓門框上的帶

浴室牆壁上的古怪留言—威廉·喬治·海倫斯

血指紋以及勒索信上的指紋進行比對，結果發現指紋吻合。這說明，海倫斯就是警方一直在苦苦尋找的口紅殺手。然後警方還將勒索信和用口紅寫的字跡進行了比對。筆跡專家認為，口紅寫的字跡與勒索信上的字跡並不完全吻合，有一些相似的地方，也有一些不相似的地方。不過警方還是認為海倫斯就是口紅殺手，他為了擺脫警方的追蹤，故意改變了自己的字跡。還有一個證據非常關鍵，警方在搜查海倫斯的宿舍時發現了兩本書籍，這兩本書都是德格蘭鄰居家的，是在蘇珊娜失蹤的那天夜晚被盜走的。

1946 年 9 月 4 日，海倫斯接受了審判，被判處三項終身監禁。在入獄後不久，海倫斯就開始上訴，他聲稱自己是被冤枉的，他沒有殺人，更不是口紅殺手。海倫斯表示，自己當時之所以會認罪，完全是出於對死刑的恐懼。在當時，媒體得知海倫斯就是口紅殺手後，紛紛發表文章。在媒體的推波助瀾之下，海倫斯聽從了律師的建議，與檢方達成了辯訴交易，承認對這 3 起命案負責，從而避免死刑。海倫斯還提到了自己被注射硫噴妥鈉，他說硫噴妥鈉對自己的意識產生了影響，在一定程度上促使了自己認罪。不過並沒有人願意相信海倫斯的話。

海倫斯在監獄裡的表現非常好，是模範犯人，在製衣工廠裡擔任負責人。海倫斯在監獄裡一直堅持學習，並在 1972

年成為伊利諾伊州第一個在監獄中修完大學課程並獲得學士學位的犯人。此外，海倫斯還協助獄方建立了當時最先進的監獄圖書館系統。後來，海倫斯還成了獄友們的老師，輔導獄友學習並協助他們獲得高中畢業同等學力證書。海倫斯被獄友們稱為「獄中律師」，他經常透過自學法律來幫助獄友。2012年3月6日，海倫斯在監獄中去世。

1928年11月15日，海倫斯出生於一個經濟收入不穩定的家庭，他的父母喬治與瑪格麗特（George and Margaret Heirens）雖然感情很好，但沒有穩定的收入。喬治靠著打零工賺錢，賺的錢本來就不多，再加上他愛揮霍的個性，導致家裡的生活非常拮据。為此，瑪格麗特只好將兩個兒子海倫斯和他的弟弟傑勒留在家中，自己外出工作。

海倫斯從小就是一個好動和淘氣的孩子，他不喜歡和同齡人玩耍，總是獨自一人擺弄化學裝置，或者將東西拆開再組裝起來。

入不敷出的經濟狀況讓喬治和瑪格麗特這對夫妻的感情越來越差，他們常常因為金錢發生漫長而激烈的爭吵。從那時起，海倫斯就開始厭煩這種爭吵不斷的家庭氛圍，經常離開家到街道上閒晃。海倫斯沒什麼朋友，他也不喜歡與他人交往，總是遠離任何人，獨自一人做些事情。不久之後，海倫斯染上了偷竊的毛病。

浴室牆壁上的古怪留言—威廉・喬治・海倫斯

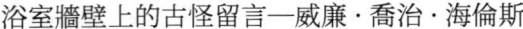

七年級時,海倫斯找到一份工作,替當地雜貨店的老闆送貨。有一次,海倫斯在送貨的時候由於粗心大意,一位顧客少給了他1美元。當海倫斯發現後驚慌失措,他知道自己得想辦法補上這1美元的差額,不然雜貨店老闆一定會發現自己的疏忽,很可能會導致自己失去工作。當海倫斯發現一個男人正躺在地上休息的時候,立刻動了心思,他從男人身上偷走了一張鈔票。

這本是一次意外,但海倫斯卻從此愛上了偷竊,因為他在偷錢的過程中不僅沒覺得害怕,反而因為冒著被發現的危險而感到興奮和刺激,在得手後覺得非常滿足。從那以後,海倫斯開始進行大範圍的入室盜竊。海倫斯除了偷錢外,還會偷些東西,例如女人的毛皮大衣、男人的衣服、收音機、餐具和槍等。這些偷來的物品都被海倫斯藏在一棟公寓樓樓頂的棚子裡。對他來說,這些偷來的東西更像是他的戰利品。

除了偷竊這個特殊的愛好外,海倫斯還十分迷戀槍支,總是隨身攜帶槍支。

13歲時,海倫斯的小學畢業典禮即將開始,海倫斯在公寓裡被一名警察抓住了,當時警察只是覺得他形跡可疑而已,卻在他的身上發現了武器。海倫斯對警察說,槍是他在地上撿到的,不過警察並不相信。在之後的審訊中,海倫斯

承認了自己犯下的 11 起入室盜竊案。最後，海倫斯因攜帶槍支和盜竊罪被起訴。

　　海倫斯被短暫關了一段時間後就恢復了自由。不久之後，海倫斯再次因盜竊罪被捕，這一次他被送到了聖貝德學院拘留中心。對於海倫斯來說，他知道盜竊行為是錯誤的、違法的，但他就是無法控制自己。他之所以如此迷戀盜竊，是因為盜竊能給自己帶來難以抵擋的快感和滿足。

　　在聖貝德學院拘留中心，海倫斯的表現非常優秀，不僅成績優異，還經常參加學院的體育活動。後來海倫斯獲得了一次可以考入芝加哥大學的機會，海倫斯通過了入學考試，並在離開拘留中心之前，得到了錄取通知書，他在 1945 年的秋季學期開始時就可以入校學習，當時海倫斯只有 16 歲。

　　瑪格麗特得知兒子被芝加哥大學錄取後十分高興，她覺得海倫斯終於走上了正道。但讓瑪格麗特沒有想到的是，海倫斯一邊上大學一邊繼續偷竊，並開始殺人。

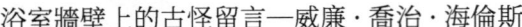
浴室牆壁上的古怪留言—威廉・喬治・海倫斯

【好學生罪犯】

對於許多罪犯來說，學校是一個讓他們感到厭惡的地方，因為這裡有許多限制，有大量行為規範需要遵守，還有複雜沉重的課業負擔。因此對於許多罪犯來說，他們要麼早早地輟學，離開學校，在他們看來到社會上更加自由；要麼就是因為多次違反校規被趕出了校園。很多連環殺手能勉強讀到高中畢業，就已經很困難了，更別說進入大學讀書。但口紅殺手海倫斯顯然是個意外，他是個頭腦非常聰明的人，不然芝加哥大學也不會給他入學考試的機會。

海倫斯被捕的時候只有18歲，是芝加哥大學的學生，表面上看起來與口紅殺手相距甚遠。有些具有犯罪人格的人就像海倫斯一樣，學習能力非常強，他們的課業成績也很優秀，而這恰恰能幫助他們掩蓋自己的罪行。有誰會去懷疑一個成績優異的學生呢？芝加哥的警方在抓捕口紅殺手的過程中，進行了大量的排查工作，就是沒有查到海倫斯這個芝加哥大學的學生身上。

優異的成績可以幫助掩蓋罪行，很少會有人懷疑一個成

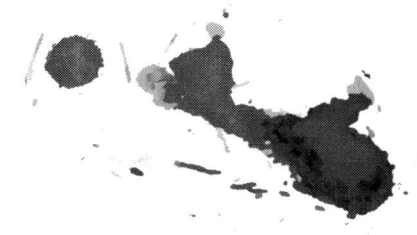

績優秀的學生是個罪犯。在大多數人看來,包括警察在內,犯罪行為只會出現在邊緣族群當中,例如失業者、流浪漢等。想要抓捕像海倫斯這樣的罪犯,會十分困難。例如海倫斯被抓住就是一次意外。海倫斯是個頭腦十分冷靜的罪犯,也沒有精神疾病,他每次行竊或殺人後,都能迅速讓自己平靜下來,然後若無其事地回到宿舍繼續自己的大學生活。

讓很多犯罪學家,特別是犯罪心理學家、行為分析學家著迷的是口紅殺手留下的那句話:「看在上帝的份上,在我殺死更多的人前趕快抓住我吧,我已經控制不了自己了!」這條留言看起來十分特別,更像一種真切的求助,是口紅殺手的標誌。一些連環殺手會在案發現場留下屬於自己的獨特標誌,這與他們的犯罪行為無關,他們這麼做只是為了滿足自己心理上以及情感上的需求。這種獨特的標誌並不一定每次都出現在案發現場,因為獨特標誌並不是連環殺手要完成的必要行為或活動。

對於有反偵查意識的連環殺手來說,他們會採取一些防範措施以掩蓋自己的獨特標誌,避免被警方當成破案的線索。例如警方在將口紅寫的字跡與勒索信上的字跡進行比對時發現,兩者有相似之處又不完全相同。於是警方推斷很可能是海倫斯為了避免警方追查到自己的身上,故意改變了字跡。

浴室牆壁上的古怪留言──威廉・喬治・海倫斯

凶手死後與被害人葬在一起
——斯塔克韋瑟

凶手死後與被害人葬在一起—斯塔克韋瑟

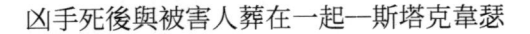

切斯特‧勞爾‧沃德（Chester Lauer Ward），47歲，是林肯市一家公司的老闆，和妻子克拉拉（Clara）居住在富人區，夫妻二人還養著兩條狗，一條是切薩皮克灣尋獵犬，另一條是獅子犬。1958年1月29日，切斯特沒有去公司上班，他的助理覺得很奇怪，就往沃德家中打電話，卻沒人接電話。助理覺得情況有些異常，就決定到沃德家中察看一下。

中午時，助理來到沃德家後，立刻聽到了狗叫聲，那是被關在地下室的獵犬奎尼在狂吠。來到樓上時，助理看到了3具屍體，除了沃德夫婦外，還有保母莉莉安（Ludmila "Lily-an" Fencl）的，他們的屍體旁是獅子狗的屍體，牠被扭斷脖子死亡。

警方在察看了案發現場後發現，沃德家中的所有值錢物品和食物都被一掃而空，家裡那輛1956年產的黑色帕卡德豪華汽車也不見了。

這起凶殺案立刻在富人區掀起了軒然大波，人們開始帶著槍外出，同時向警方和政府施壓。警方只能派出大量警力在該地區巡邏，市長也給出了1,000美元的懸賞金，希望能盡快將凶手抓捕歸案。後來，FBI也介入該案的調查中，甚至還出動直升機到處搜尋那輛黑色帕卡德。

不久之後，凶手就在懷俄明州境內的一條公路上被抓住了。當時，一名巡警在公路上巡邏的時候看到有兩名男子在

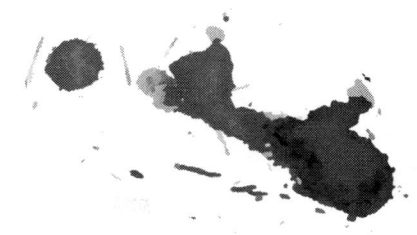

打架,於是就將車停好,準備上前勸架。當巡警從車上下來的時候,有名女子從對面那輛車裡衝了出來,她衝著巡警大喊:「救我!他殺人了!」其中一名男子看到巡警後,立刻跑到車上,開車逃走了。

巡警一邊打電話請求增派人手,一邊布下路障。在附近巡邏的警察接到通知後,立刻配合該巡警一起追捕嫌疑人。巡警們在擊中嫌疑人的車後窗後,嫌疑人突然緊急煞車,將車停在了路中間,然後下車朝著巡警們走來。

看到嫌疑人後,巡警朝他大喊道:「舉起雙手!趴在地上!」嫌疑人根本不理睬,站在那裡不動,甚至還將手伸向褲子後面。巡警以為他要拿槍,於是就朝他的腳下開槍。此時,嫌疑人才按照巡警的要求趴在地上。

該嫌疑人名叫查理・雷蒙德・斯塔克韋瑟(Charles Raymond "Charlie" Starkweather),是一起連環命案的通緝要犯。斯塔克韋瑟開的那輛別克汽車的主人是梅爾・科里森(Merle Collison),梅爾的屍體就在那輛別克裡,他的頭部、脖子、手臂、大腿上有許多彈孔。此外,警方還在事發公路上找到了那輛黑色帕卡德。

與斯塔克韋瑟扭打在一起的男子起初只是想幫忙,當他停好車來到斯塔克韋瑟的車前時,斯塔克韋瑟卻突然掏出手槍指著他。後來他看到了車裡的屍體,立刻感覺到了危險,

凶手死後與被害人葬在一起—斯塔克韋瑟

他試圖從斯塔克韋瑟手中搶過手槍,直覺告訴他如果不這麼做,自己就會死在斯塔克韋瑟的槍下。

那名向巡警呼救的女子名叫卡莉兒·福吉特(Caril Fugate),也是重要嫌疑人,她與斯塔克韋瑟是男女朋友的關係。在審訊中,卡莉兒將所有的罪責都推給斯塔克韋瑟,稱她是斯塔克韋瑟的挾持下作案。

斯塔克韋瑟被捕之初,對警方說:「不要為難卡莉兒,她和這些事情毫無關係。」在之後的審訊中,斯塔克韋瑟將所有的罪行都攬在自己身上,對警方說所有的人都是他一個人殺的,與卡莉兒無關。

但當斯塔克韋瑟得知卡莉兒否認與自己的男女朋友關係,並假扮成一個無辜者後,斯塔克韋瑟不再維護卡莉兒,開始交代他與卡莉兒一起犯下的謀殺案。他對警方說,自己

根本沒有挾持或威脅卡莉兒,她完全是自願的,如果她是被迫的,應該早就找機會逃走了。

斯塔克韋瑟與卡莉兒是透過鮑勃·馮·布希(Bob von Busch)認識的。鮑勃和斯塔克韋瑟是好朋友,兩人有共同的興趣愛好,都十分崇拜一名男星——詹姆斯·狄恩(James Byron Dean),在當時,狄恩是美國許多青少年的偶像。

鮑勃的女朋友芭芭拉是卡莉兒的姐姐。對於斯塔克韋瑟來說,卡莉兒是個十分漂亮、有魅力的女孩,他願意滿足她的所有願望。漸漸地,卡莉兒對斯塔克韋瑟越來越有好感,兩人開始頻繁約會。

斯塔克韋瑟的第一次作案發生在 1957 年 12 月 1 日的凌晨 3 點。起因是,斯塔克韋瑟想在加油站的商店裡買一個毛絨玩具送給卡莉兒,但錢不夠,後來他提出刷信用卡,服務員羅伯特·克爾維特(Robert Colvert)拒絕了。斯塔克韋瑟覺得自己受到了羞辱,他越想越生氣,就決定去搶劫。

斯塔克韋瑟從鮑勃的親戚那裡借來了一支獵槍,並裝滿了子彈,開著車來到了加油站的商店裡,當時只有克爾維特一人在值班。

起初斯塔克韋瑟只是購買了一包香菸,然後就離開了。幾分鐘後,斯塔克韋瑟再次出現在商店裡,他買了一包口香糖後又離開了。斯塔克韋瑟將車停在路邊,然後用一條圍巾

凶手死後與被害人葬在一起—斯塔克韋瑟

裹住自己的臉，並戴上一頂帽子。

這時，克爾維特已經從櫃檯離開去修車了。斯塔克韋瑟悄悄靠近克爾維特，並趁其不備用槍頂住了克爾維特的後背。之後，克爾維特被斯塔克韋瑟挾持著回到商店，開啟裝著現金的抽屜。將所有的現金拿走後，斯塔克韋瑟開始威脅克爾維特將保險箱開啟，克爾維特謊稱他不知道密碼，只有老闆才知道，斯塔克韋瑟這才放過了保險箱。

之後，斯塔克韋瑟將克爾維特挾持到車上，並開車逃離了現場。在此期間，克爾維特趁著斯塔克韋瑟不注意時去搶他手裡的槍，兩人開始扭打起來。混戰中，克爾維特的膝蓋被擊中，他試圖開啟車門逃走，這時斯塔克韋瑟朝著克爾維特的腦袋開了一槍。

第二天，斯塔克韋瑟將自己搶劫的事情告訴了卡莉兒，不過他沒有承認克爾維特是他殺害的。從那以後，斯塔克韋瑟與卡莉兒之間的關係越來越密切。

後來斯塔克韋瑟用搶來的零錢替自己買了一件衣服，此舉並未引起警方的懷疑。這起搶劫殺人案在當地引起了巨大的轟動，林肯市很少會發生如此嚴重的凶案。所有人透過報紙得知，凶手搶走的錢都是零錢，而且以硬幣居多。不過當時警方的排查重點都在過路的人身上，根本沒有懷疑過斯塔克韋瑟。

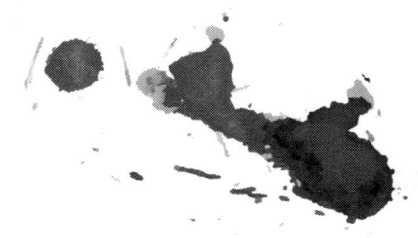

斯塔克韋瑟為了避免被警方懷疑，還專門將車改噴成了其他顏色。對於斯塔克韋瑟來說，這次的作案十分成功。他不僅躲過了警方的調查，還用搶來的錢討好了女朋友卡莉兒，這讓他覺得很興奮。他開始認為自己是一個不被法律所束縛的自由人，可以任意妄為。

斯塔克韋瑟第二次作案發生在 1958 年 1 月 21 日，被害人是卡莉兒的家人。據斯塔克韋瑟的說法，那天他根本沒想殺人，只是想和卡莉兒的家人緩和關係，他們一直反對卡莉兒與自己交往。至於為什麼要帶著槍，斯塔克韋瑟說自己當時只是想邀請卡莉兒的繼父馬里恩（Marion Bartlett）一起去打獵。

開門的是卡莉兒的母親韋爾妲·巴特利特（Velda Bartlett），當時在家的還有馬里恩和他們兩歲半的小女兒貝蒂（Betty Jean Bartlett）。之後，斯塔克韋瑟遭到了韋爾妲和馬里恩嚴厲的斥責，這對夫婦還警告斯塔克韋瑟，讓他離開卡莉兒。後來馬里恩開始毆打斯塔克韋瑟，他只能趕緊離開卡莉兒家。當斯塔克韋瑟發現自己的槍落在了卡莉兒家後，就又回去了，於是他再次被馬里恩趕了出來。

斯塔克韋瑟在附近找到了一個公用電話亭，他打了通電話給馬里恩的老闆，告訴對方，馬里恩生病了，未來幾天都得在家休息。之後斯塔克韋瑟就在卡莉兒家附近等她放學。

凶手死後與被害人葬在一起—斯塔克韋瑟

傍晚時分,卡莉兒回來了。

當卡莉兒得知斯塔克韋瑟被父母責罵的經歷後,十分生氣,她帶著斯塔克韋瑟回家,和父母大吵了一架。之後,斯塔克韋瑟就與韋爾姐扭打在一起。斯塔克韋瑟摸到了一把手槍,當他看到馬里恩拿著一把錘子朝自己奔來時,毫不猶豫地開了槍,之後又朝韋爾姐開了一槍。

卡莉兒兩歲半的小妹妹貝蒂聽到槍聲後,立刻大哭了起來,這讓斯塔克韋瑟十分惱火。他試圖讓貝蒂閉嘴,但貝蒂卻哭喊得更加厲害。於是斯塔克韋瑟就拿起一把刀,割斷了貝蒂的喉嚨。

在卡莉兒的幫助下,斯塔克韋瑟開始處理屍體,他們將韋爾姐和貝蒂的屍體拖到了屋外的廁所裡,而馬里恩的屍體則被扔在雞籠裡。處理完屍體後,兩人開始打掃案發現場,將所有的血跡都清理乾淨了。

在之後的一段時間內,斯塔克韋瑟和卡莉兒一直待在案發現場,他們每天都會從送奶員那裡購買一些牛奶和麵包,有時斯塔克韋瑟會外出到商店購買一些物品。當有人來找馬里恩和韋爾姐的時候,卡莉兒都會出面將他們打發走,後來她嫌麻煩,就在門口貼上了一張紙,上面寫著:「家中有人得了流感,請遠離。」

一週過去了,馬里恩還沒有上班,老闆很擔心他,就到

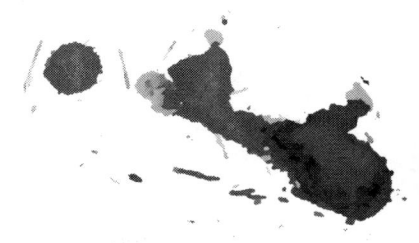

他家中察看情況。卡莉兒沒有讓馬里恩的老闆進門,只在門口告訴他,馬里恩的病情很嚴重,必須得臥床休息,老闆只能離開。

後來,卡莉兒的姐姐芭芭拉和姐夫鮑勃一起來探望父母,卡莉兒告訴他們家裡有人得了流感。鮑勃回到家後,覺得很可疑,就和一個朋友再次來到岳父家。這一次卡莉兒沒有用流感的藉口,她不讓鮑勃進門,並打發鮑勃離開,還說如果鮑勃不走,母親的生命就會有危險。鮑勃帶著朋友離開了,並到警察局報了案。

警察接到報案後,就來到卡莉兒的家門口。卡莉兒開啟門後看到警察並未慌張,她用十分平常的語氣對警察說家裡有人得了流感。當被問及為什麼要讓姐夫鮑勃報警時,卡莉兒表示鮑勃與他們家有矛盾,故意去報警。警察相信了卡莉兒的說辭,就離開了,之後還打電話將鮑勃訓斥了一頓。

卡莉兒的祖母珮西得知馬里恩得了流感後,就來察看情況。當珮西被卡莉兒擋在門外時,珮西威脅說要去報警,卡莉兒還是沒有放祖母進家。後來珮西帶著警察進入了房子,警察發現屋裡沒人,而且也沒可疑的痕跡,就離開了。

晚上,鮑勃再次來到警察局,他請求警察去搜查卡莉兒的家,但被警察拒絕了。同時,斯塔克韋瑟的父親也告訴警察,最好將斯塔克韋瑟抓起來審問,依舊被警察拒絕了。

031

凶手死後與被害人葬在一起——斯塔克韋瑟

深夜時分，鮑勃帶著一個朋友偷偷潛入卡莉兒住所的院子裡，他們在雞籠和廁所裡發現了馬里恩和韋爾妲以及一具小女孩的屍體。此時的斯塔克韋瑟和卡莉兒早已不見了，警方只能公開兩人的照片。斯塔克韋瑟之所以會被巡警追捕，就是因為巡警覺得他與該案凶手的照片十分相像。

斯塔克韋瑟帶著卡莉兒來到了一個農場，他與農場的主人奧古斯特・梅耶（August Meyer）是好朋友。奧古斯特是斯塔克韋瑟父母的朋友，已經 72 歲了，他與斯塔克韋瑟的關係很好，是忘年交，兩人經常一起去打獵。

後來，奧古斯特死在了斯塔克韋瑟的槍下。據斯塔克韋瑟的交代，他本不想殺死奧古斯特，是奧古斯塔先攻擊了他。斯塔克韋瑟將奧古斯特的屍體搬到了外屋，並用毯子蓋住。之後他與卡莉兒開始在屋內翻找食物和錢，吃完所有的食物後，兩人拿著錢和槍離開了。

離開後不久，斯塔克韋瑟又回來了，他突然想起沒有將屍體藏起來。他將車停在路邊隱蔽的地方，但當他準備開車離開的時候發現車胎陷進了泥土裡。最後斯塔克韋瑟和卡莉兒只能帶著槍徒步離開。

在路上，一輛車停在了兩人身旁。車上是一對年輕的情侶——17 歲的羅伯特・詹森（Robert Jensen）和 16 歲的卡蘿兒・金（Carol King），他們看到有兩個年輕人在路邊走，

就想搭載他們一程。這對年輕的情侶最後死在了斯塔克韋瑟的槍下，其中羅伯特頭部中了6槍，卡蘿兒頭部中了兩槍。此外，卡蘿兒的屍體半裸著，牛仔褲被脫到了腳踝處，腹部有十分嚴重的刺傷，不過法醫並未發現性侵的跡象。斯塔克韋瑟的說法是，卡莉兒覺得自己對卡蘿兒有興趣，在嫉妒之下，她反覆刺卡蘿兒的腹部，並且將她下身的衣服脫掉，以達到羞辱的目的。

將屍體處理完畢後，斯塔克韋瑟開著羅伯特的汽車帶著卡莉兒回到了林肯市。他們想回卡莉兒家看看，當看到家門口停滿了警車後，他們立刻離開了。

1月28日的早上，斯塔克韋瑟開車來到了富人區，並隨意選擇了一戶人家按響了門鈴。開門的是保母莉莉安，他用槍威脅莉莉安將獵犬奎尼關進地下室，然後跟著莉莉安進入了廚房。

克拉拉在進入廚房準備吃早餐的時候發現了持槍的斯塔克韋瑟。斯塔克韋瑟告訴克拉拉，只要她配合他，將所有值錢的東西都交出來，就不會受到傷害。這番話讓克拉拉很快消除了恐懼，她覺得劫匪只是為了錢，不會傷及她的性命。

斯塔克韋瑟將待在車裡等他的卡莉兒叫了進來，兩人坐在桌子旁喝了咖啡後，卡莉兒就去書房睡覺了。之後斯塔克韋瑟開始命令克拉拉做一些事情，讓她做薄烤餅，等她做好

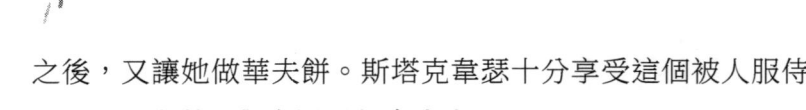
凶手死後與被害人葬在一起—斯塔克韋瑟

之後,又讓她做華夫餅。斯塔克韋瑟十分享受這個被人服侍的過程,尤其是對方還是個富太太。

下午 1 點左右,克拉拉想上樓換鞋,斯塔克韋瑟答應了。幾分鐘後,斯塔克韋瑟上樓察看情況。當他看到克拉拉手裡拿著一把手槍時,立刻用刀砍向克拉拉,最後克拉拉因脖子和胸口傷勢過重而身亡。斯塔克韋瑟將克拉拉的屍體拖到臥室後,就順便將狂吠不已的獅子狗給殺死了。

之後,斯塔克韋瑟打了通電話給父親,他讓父親轉告鮑勃,總有一天自己會親手殺了他。下樓後,斯塔克韋瑟拿了一張紙坐下來寫信,他表示對所做的一切感到抱歉,還說自己和卡莉兒傷害了許多人,不過也有許多人幸運地逃過了一劫。最後,斯塔克韋瑟和卡莉兒開始將屋內所有值錢的物品和食物都搬進了帕卡德汽車裡。

晚上 6 點,下班回家的切斯特被斯塔克韋瑟殺害。在離開前,他們二人還殺死了保母莉莉安。到底誰是殺死莉莉安的凶手,斯塔克韋瑟和卡莉兒有不同的說法,他們都將殺死莉莉安的罪行推給了對方。

在開車逃亡的路上,斯塔克韋瑟一直希望能換輛車,避免被警方追查。當斯塔克韋瑟看到路邊停著一輛車後,立刻將車停下來,當時車主梅爾正在睡覺,他將梅爾叫醒,並提出了換車的要求。在被拒絕後,斯塔克韋瑟就開槍打死了梅爾。

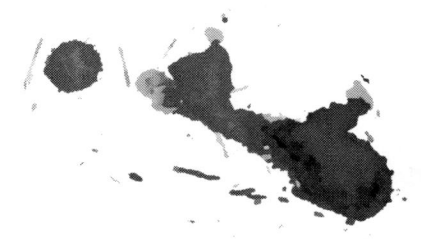

　　當斯塔克韋瑟準備開走梅爾的汽車時,卻發現不知道怎麼鬆開緊急制動器,這時一名男子出現了,斯塔克韋瑟立刻拿起槍對準男子,後來兩人扭打在一起,並招來了巡警。看到巡警後,斯塔克韋瑟立刻上車逃走。

　　對於斯塔克韋瑟為什麼會突然停車投降,巡警認為,當時被擊碎的車窗玻璃殘渣劃傷了斯塔克韋瑟的耳朵,讓他誤以為自己中槍了,他擔心自己會失血過多而死。

　　1月底,被捕的斯塔克韋瑟和卡莉兒被遣送回內布拉斯加州接受審判。

　　1958年5月5日,斯塔克韋瑟接受了審判。在法庭上,斯塔克韋瑟承認了所有的罪行。他的辯護律師本想以精神異常的理由為斯塔克韋瑟進行辯護,但斯塔克韋瑟卻表示自己很正常,他的家人也聲稱他沒有精神疾病。最終,斯塔克韋瑟因一級謀殺罪和搶劫罪被判處死刑。1959年6月25日,斯塔克韋瑟在內布拉斯加州州立監獄被送上電椅,被處死時只有20歲。之後斯塔克韋瑟的屍體和5名被害人葬在了一起。

　　1958年12月28日,14歲的卡莉兒接受審判,她因一級謀殺罪被判處終身監禁。1976年6月,卡莉兒獲得了假釋。出獄後,卡莉兒隱姓埋名,開始了普通人的生活,並在一家醫院找到了一份助理的工作。後來她與一名醫生結婚,婚後

凶手死後與被害人葬在一起——斯塔克韋瑟

6年，卡莉兒和丈夫遭遇了一場車禍，卡莉兒身受重傷，丈夫不治身亡。

1938年11月24日，斯塔克韋瑟出生於內布拉斯加州林肯市一個普通的家庭，在家裡的7個孩子中排行第三。斯塔克韋瑟的父親是個木匠，十分擅長言談。由於手部患有風溼性關節炎，斯塔克韋瑟的父親無法常年工作，有時需要他的母親做些零工來貼補家用。斯塔克韋瑟的家庭經濟條件雖然不好，但家庭氛圍卻很溫馨，他度過了一個美好的童年。在鄰居們的眼中，斯塔克韋瑟小時候是個十分乖巧的孩子。

在學校裡，斯塔克韋瑟是被同學們嘲笑的對象。他患有先天膝外翻，這讓他的兩條腿與常人不同，再加上他還有語言障礙，讓他在同學中間顯得更加與眾不同，常常會成為大家嘲笑的對象。

斯塔克韋瑟的成績也很糟糕，在老師看來他就是個智力低下的孩子。漸漸地，斯塔克韋瑟對自己越來越沒信心，他也開始覺得自己是個毫無所長的人。15歲時，斯塔克韋瑟的高度近視變得越來越嚴重，甚至連視力表上最大的字母也看不清楚了。

斯塔克韋瑟十分擅長體操，他不僅強壯，還有良好的協調性。或許是體操能讓斯塔克韋瑟覺得自己並非一無是處，所以他很喜歡上體操課。

后来斯塔克韦瑟越来越喜欢打架,他在与人打架的时候表现得十分凶狠,不会轻易罢手,甚至会将对方殴打至昏迷。

1955年,电影《养子不教谁之过》风靡全国,24岁的狄恩一下子成了美国青少年的偶像,他成了叛逆和反叛精神的象征。在电影中,狄恩所扮演的吉姆就是一个叛逆少年,现实生活中,狄恩也经常以叛逆的形象出现在大众视线中。作为狄恩的追随者,斯塔克韦瑟开始模仿狄恩的打扮,他变得越来越暴躁、嚣张,直到犯下一系列罪行并被捕。

凶手死後與被害人葬在一起──斯塔克韋瑟

【貧窮與犯罪行為】

　　作為斯塔克韋瑟的朋友，鮑勃認為斯塔克韋瑟是個很講義氣的人，如果他喜歡你，他會為你做任何事情。例如斯塔克韋瑟會盡一切可能滿足卡莉兒的要求，會在被捕後將所有罪行攬下。但鮑勃指出，斯塔克韋瑟還有非常冷酷和卑鄙的一面，如果他走在路上看到哪個窮人比他高大，比他英俊，他會上前揍對方。

　　表面上看，斯塔克韋瑟行事乖戾、囂張，但實際上他的內心十分敏感且缺乏安全感，他在內心深處對自我是厭棄的，這與他的人生經歷密切相關。斯塔克韋瑟從小就飽受貧窮的困擾，再加上先天膝外翻，這讓他成為同學們嘲笑的對象。在這樣的環境下長大，斯塔克韋瑟也覺得自己低人一等。

　　貧窮看起來是個經濟問題，但一個人在成長過程中會因為貧窮伴隨大量的風險因素，例如資源匱乏、被歧視、家庭破裂、不安全的居住環境、營養不良、失業等。如果一個人出生於一個貧窮的家庭，那麼就意味著他將會被父母送到一所條件很差的學校接受教育，還很可能早早輟學，進入大學的機率會很低。此外，貧窮還意味著他很容易接觸到暴力和

犯罪，例如生活在貧民窟的人。

斯塔克韋瑟在與卡莉兒相識後，他從卡莉兒身上感覺到了被尊重和崇拜，這讓他不再自我厭棄，開始自我感覺良好。在卡莉兒眼中，斯塔克韋瑟是個有著痞子外表和男子氣概的男朋友。於是，斯塔克韋瑟成了卡莉兒的人生中心。為了能經常和卡莉兒約會，斯塔克韋瑟辭去了裝卸工的工作，做起撿廢品的生意來，但這根本無法滿足兩人的生活所需，於是他開始有了搶劫的念頭。

經濟條件還會決定父母的教養方式。如果父母有著很大的經濟壓力，總面臨著失業的風險，那麼他們對待孩子的態度將會很糟糕，所採用的教養方式也通常具有強制性和高攻擊性，會傾向於使用懲罰的方式來管教孩子。如果一個孩子總是遭受懲罰，而得不到積極鼓勵，那麼他的自我認知就會變得消極。此外，如果父母採用了暴力的懲罰方式，比如毆打，那麼就會形成消極榜樣的作用。

值得注意的是，貧窮與犯罪行為之間並不具備必然的因果關聯，也就是說貧窮並不意味著必然會引發或導致犯罪行為的出現，貧窮也不應該成為一個罪犯犯罪的藉口。例如斯塔克韋瑟的辯護律師就企圖用貧窮為他進行辯護，辯護律師聲稱斯塔克韋瑟會走到如今這個地步，完全是因貧困造成的。但這種理由在法庭上是站不住腳的。

凶手死後與被害人葬在一起—斯塔克韋瑟

面孔上怵目驚心的疤痕
——艾瑞克・埃德加・庫克

面孔上怵目驚心的疤痕—艾瑞克・埃德加・庫克

在澳洲有一座歷史名城費里曼圖，這裡是著名觀光勝地，其中費里曼圖監獄是這座城市的著名景點之一。現在，費里曼圖監獄裡只有管理員、工人和旅遊團。不少人都是被費里曼圖監獄的鬧鬼傳說吸引而來，希望能在這裡目睹一些超自然現象。

費里曼圖監獄修造的時候，澳洲還是英國的殖民地。當時英國政府為了在澳洲修建公路、橋梁等公共設施，專門將英國的犯人運送到這裡。這些犯人被迫獨自一人遠離家鄉和親人，來到荒涼的澳洲做苦力，而關押犯人的費里曼圖監獄就是他們親自修建的。

1868 年，費里曼圖監獄成了澳洲西部最大的監獄，已有超過 9,700 名犯人被運送到這裡服刑。這座監獄裡關押著不同類型的犯人，有殺人犯、強姦犯，也有小偷。

費里曼圖監獄是澳洲西部從 1888～1984 年期間唯一合法執行絞刑的地方。絞刑通常在星期一早上 8 點執行。在此之前，犯人會進行沐浴和吃早餐，監獄還會為犯人提供兩杯威士忌酒和神父的禱告，然後他的手會被綁住，頭部覆蓋著毛巾被處死。在澳洲西部廢除死刑前，費里曼圖監獄最後一次執行絞刑發生在 1964 年，被處死的犯人是一名連環殺手，名叫艾瑞克・埃德加・庫克（Eric Edgar Cooke）。因為他總是在深更半夜殺人，所以被稱為「午夜殺手」（Night Caller）。

1960 年代，人們沒有鎖車的習慣，即使是晚上，鑰匙也總是隨意地插在引擎裝置上，這給了庫克可乘之機。庫克總會在夜深人靜的時候，偷偷開走一輛車，然後去做些瘋狂的事情，第二天早上將車停在原地。許多車主都不知道自己的汽車曾被偷過，直到警方因肇事逃逸找上車主。

除了肇事逃逸和偷盜搶劫外，庫克還會隨意殺人，他所選擇的被害對象幾乎沒有規律可循。他與一般的連環殺手不同，不會選擇固定類型的目標，被他殺死的人千差萬別，有 18 歲的大學生，也有退休的雜貨店店主，還有停車場的夫婦。有一次，庫克發現自己的住所闖入了小偷，他直接將對方殺死了。

庫克的犯罪手法也沒有固定模式，相當隨意，有時他會用刀刺，有時會用槍擊，有時乾脆隨意找個東西將人給勒死。有些被害人在被庫克殺死後還慘遭姦屍。有一次，庫克在殺死一個人後，直接將屍體拖到了鄰居家的草坪上，然後用一個空酒瓶不停地戳刺這具屍體。還有一次，庫克在入室殺人後並未馬上離開案發現場，而是從容地從冰箱裡拿出一罐飲料，走到陽臺上悠閒地喝完。

在庫克瘋狂作案的高峰期，伯斯市籠罩在一片恐怖的陰影中，許多人為了自身安全開始購買槍械，有的甚至會購買大型犬看家，有的則購買安全係數更高的鎖，一時間當地的

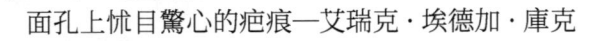

面孔上怵目驚心的疤痕——艾瑞克・埃德加・庫克

槍械、鎖業生意非常火爆。與此同時，警方和政府部門受到了市民強烈的抨擊。

接連發生的凶殺案讓當地警方頭痛不已，再加上庫克的作案手法隨機、沒有特定的被害人類型，這讓警方的偵破工作變得十分困難。他們根本無法判斷凶手有多少個，甚至都想不到這些凶殺案是同一個人所為。

後來警方只能採取漫天撒網的模式來尋找嫌疑人，於是一共有超過3萬名12歲以上的男性被警方採集指紋，6萬多把點22口徑的槍接受了檢測。這種調查方式給警方帶來了十分繁重的工作，不過好在終於將庫克抓捕歸案了。

1963年8月，有人在一處灌木叢中發現了一把點22口徑的槍並與警方取得了聯絡，警方將這把槍帶走並進行了彈道測試。測試結果顯示，這把槍正是一起凶殺案的作案工具。警方懷疑凶手不小心將槍掉在了灌木叢中，等他回想起來的時候一定會回來尋找，於是警方就在灌木叢中埋伏起來，等待凶手主動上鉤。

17天後，有人出現在灌木叢，這個人就是庫克，他被警方當場逮捕。

在審訊中，庫克交代了將近300起案件，其中包括250起偷盜搶劫、8起謀殺、14起謀殺未遂，還有肇事逃逸等。庫克說，自己從28歲就開始殺人。庫克的記憶力好得驚人，

他對每一起案件都記得很清楚，能夠詳細敘述出來，而且還清楚地記得搶劫案中被害人家中的裝飾布置以及自己當時搶走了多少錢。但對於自己為什麼會屢屢犯罪，庫克從來沒有提過。警方在調查中，也沒有發現能夠誘發庫克作案的導火線因素。

1931年2月25日，庫克出生於澳洲伯斯市的一處郊區，他在家中的3個孩子中排行老大，下面有兩個妹妹。庫克的父親是個酒鬼，有酗酒的惡習，而且還很暴力，總是無緣無故地毆打妻子孩子，就連獨子庫克也不例外。庫克作為家中唯一的男孩，又是長子，面對父親的打罵他總是默默承受，從而保護母親和妹妹們。

在學校，庫克的日子也不好過，同學們總是排擠和欺負他，因為他的面容與常人不同，是天生的唇顎裂。後來，庫克接受了矯正手術，雖然面容比之前好多了，但有一條怵目驚心的疤痕，此外他說話也不俐落。為此，庫克先後換了5所學校。14歲時，庫克再也忍受不了學校，他輟學成了一名工人。

面孔上怵目驚心的疤痕──艾瑞克・埃德加・庫克

後來庫克因縱火罪被判入獄 18 個月，當時他因申請加入唱詩班被拒絕，於是庫克就放了一把火將教堂燒毀。出獄後庫克已經 21 歲，身無所長的他選擇入伍。3 個月後，庫克被部隊開除了，因為有人揭發他留有偷盜、私闖民宅和縱火的案底。

22 歲時，庫克與一個名叫莎拉・拉溫（Sarah Lavin）的女子結婚。當時莎拉才 19 歲，在一家餐廳工作。婚後，庫克與莎拉共生下了 7 個孩子。不知是遺傳還是其他原因，這 7 個孩子都不是正常孩子，要麼先天智力低下，要麼畸形。

在庫克所交代的凶殺案中，有兩起女性遇害案已經找到凶手並被定罪，這兩名嫌疑人就是達瑞爾・畢米許（Darryl Beamish）和約翰・巴頓（John Button）。達瑞爾是個聾啞人，1959 年他因涉嫌殺害一名女性被捕入獄。約翰因涉嫌殺害女友被捕入獄。

庫克不僅說這兩起凶殺案是自己所為，還交代了案件細節，例如被害人的屍體被放置在汽車頂部。由於庫克所駕駛的汽車頂部安裝著遮陽板，警方懷疑他無法做到在不損害遮陽板的情況下將被害人的屍體放到汽車頂部。也就是說，雖然庫克承認自己殺死了這兩名女性，但達瑞爾和約翰的嫌疑還沒有排除，他們依舊要繼續在監獄裡服刑。

2002 年，約翰獲得了釋放，他已經在監獄裡服刑長達 39

年。與此同時，法庭決定接受達瑞爾的請求，開始重新審理該案件。2月25日，審判結果出來了，達瑞爾被判無罪。巧合的是，這天恰好是庫克的生日。2005年4月1日，達瑞爾被無罪釋放，並獲得了425,000美元的賠償金，他已經在監獄裡待了46年。

庫克在被判處死刑後，1964年10月26日被絞死，他也成了費里曼圖監獄最後一名被處以絞刑的罪犯。在當時，如果法官宣布一名罪犯被判處死刑，那麼通常會引發社會爭議，會有相關人士舉行集會抗議。但在庫克一案中，並沒有人覺得法官的判決不妥。

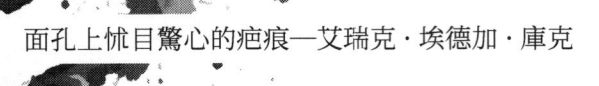

面孔上怵目驚心的疤痕——艾瑞克・埃德加・庫克

【被衝動支配的罪犯】

　　在庫克接受審判的時候，他的辯護律師表示，庫克之所以會犯下難以饒恕的罪行，與他不幸的童年經歷、外貌缺陷和頭部受過創傷密切相關。因為父親是個暴力、酗酒的人，所以庫克的性情也很暴躁。外貌上的缺陷讓庫克無法展開正常的社會交往，他總會被同齡人排擠。這種種因素導致庫克的精神不正常，辯護律師甚至聲稱庫克有思覺失調症。

　　後來專家專門為庫克進行了精神方面的檢查，檢查結果顯示庫克的精神很正常，不應該從輕發落，最終庫克被判處了死刑。面對死刑這一審判結果，庫克坦然接受了，他沒有上訴，他表示自己是個罪大惡極的人，應該付出代價。

　　或許對於庫克來說，他知道自己的所作所為在觸犯法律，但他就是無法控制自己偷竊、搶劫、殺人的衝動。對於一些人來說，他們似乎無法控制自己的衝動，例如對於一個慣於偷竊的人，每當他處於一個新的環境時，就會忍不住打量周遭的環境，然後開始想著怎麼下手去得到不屬於自己的東西。也就是說，他總是在想著如何偷東西。庫克也是如

此，他每天最想做的事情就是偷竊和殺人，他根本無法控制自己的這種衝動，於是就只能被衝動所支配。當然這並不意味著他不用為自己的行為負責，也不能成為他減刑的藉口。

面孔上怵目驚心的疤痕——艾瑞克‧埃德加‧庫克

脖子上的死亡蝴蝶結
——艾爾伯特·迪塞佛

脖子上的死亡蝴蝶結—艾爾伯特·迪塞佛

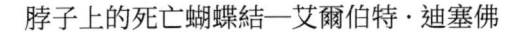

　　1962 年 6 月 14 日早上 7 點多，麻薩諸塞州波士頓的警方接到一名男子的報案，他的母親被人殺死在自己的公寓中。男子的母親名叫安娜·施列賽爾斯（Anna Elza Slesers），是一名 55 歲的老婦人。之前，安娜告訴兒子她想在 6 月 14 日這天去教會參加活動，於是兒子就在這天早上開車來到安娜的公寓，想要載她去教會。安娜的兒子一直敲門，安娜都沒有回應，他擔心母親出了意外，就破門進去，在浴室發現了母親的屍體。

　　安娜被發現時，下身赤裸著，雙腿呈開啟的狀態，下體還有被硬物弄傷的痕跡，安娜的脖子上緊緊纏繞著一條睡袍帶子，她顯然是被凶手用這條睡袍帶子勒死的，她的耳朵裡還因此流出了血液，睡袍帶被凶手打成了一個蝴蝶結狀，就好像打包一件禮物一樣。

　　警方發現安娜的公寓被人翻得亂七八糟，好像入室盜竊一樣，但警方在搜查中發現安娜的財物並未丟失。警方開始懷疑凶手的目的是實施強姦，但屍檢報告顯示安娜雖然遭受了性侵，法醫卻並未在她的體內發現精液，警方也沒有在案發現場找到精液。最離奇的是，安娜的房門沒有被撬開的痕跡，這說明安娜主動讓凶手進門，凶手並非強行破門或撬門而入。

　　警方從安娜的兒子那裡了解到，安娜剛剛從東歐移民至美國不久，是個裁縫，經濟收入不太好，只能在波士頓較為

贫困、混乱的居民区租一间老公寓,这里居住著许多新移民、退休工人和学生等贫困人员。安娜的丈夫早已离世,她与儿子一直生活在一起,后来儿子结婚就搬走了。从那时起安娜就独自一人居住,平日里靠帮人裁剪衣服为生。安娜的儿子告诉警方,他的母亲是个很热心、外向的人,特别喜欢参加社区活动,也有许多朋友,十分喜欢裁缝这份工作。

由于安娜被害没有目击者,警方也没有查到相关嫌疑人,于是该案件被搁置起来。当时警方将该案件定性为一起普通的入室抢劫杀人案。

1962年6月28日,85岁的玛丽·马伦(Mary Mullen)被人发现死在了自己的公寓里,当时警方认为玛丽是个高龄老妇,再加上玛丽身上并无明显伤痕,警方认为玛丽死于心脏病突发,玛丽遇害案被定性为自然死亡。实际上,玛丽是被人掐死的,而且还遭受了强奸。

6月30日,68岁的妮娜·尼科斯(Nina Nioma Nichols)在自己的公寓里被人杀死,她身著粉色的家居服,脖子处紧紧缠绕著两只尼龙袜子,耳朵处留有血液。与之前的被害人一样,妮娜也遭受了强奸,警方在她的大腿处发现了精液。

一个星期后,65岁的海伦·布莱克(Helen Elizabeth Blake)在自己的公寓里被人杀害,她身上穿著一件带血的睡衣,身体弯曲著躺在床上,脖子处缠绕著一双袜子,同样是

脖子上的死亡蝴蝶結——艾爾伯特·迪塞佛

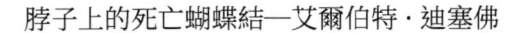

被人勒死的。海倫的公寓雖然距離妮娜的公寓有15公里，但這兩起凶殺案的作案手法十分相似，兩名被害人都是在自己的公寓被人勒死，而且還遭受了性侵，唯一不同的是海倫家裡出現了財物丟失的現象，她的兩枚鑽石戒指被凶手拿走了。警方開始懷疑這兩起案件是同一個凶手所為，這說明波士頓隱藏著一個恐怖的連環殺手，專找老婦人下手。

為了防止悲劇的再次發生，當地警方開始派出一隊警力專門負責在深夜時分到街上巡邏。在很長一段時間內，波士頓地區都沒有出現過相似的謀殺案，但麻薩諸塞州的貝肯山開始有老婦人被害。

1962年8月19日，75歲的艾達·伊爾加（Edes "Ida" Irga）死在了自己的公寓裡，她是個退休工人，丈夫去世後一直獨自居住。被人發現時，艾達的屍體全身赤裸著、被擺成大字形，嘴巴、眼睛、鼻子處都有血跡，凶手用艾達家的白色枕頭套勒死了她，而且勒死她的時候十分用力。與之前不同的是，凶手沒有再打蝴蝶結。警方沒有在艾達的公寓發現強行闖入的痕跡，也沒有發現丟失財物的跡象。

8月20日，在艾達屍體被發現的24小時內，第六名被害人的屍體被發現，她是67歲的簡·蘇利文（Jane Sullivan），簡的屍體被凶手倒置在浴缸內，導致簡死亡的原因雖然是窒息，但她並非溺水，而是被凶手性侵後用尼龍絲襪勒

死，她的脖子上正纏繞著兩隻尼龍絲襪。簡的公寓顯得很整齊，沒有被人翻動過的跡象。

之後很長一段時間內，凶手都沒有繼續作案，當地也沒有發生新的命案，但這種平靜的日子只持續了3個月就被打斷了，這次的被害人是個年輕的黑人女子蘇菲‧克拉克（Sophie L. Clark）。

1962年12月5日，蘇菲的室友外出回家時發現了她的屍體，當時蘇菲下身赤裸著，脖子上纏繞著絲襪和襯裙，凶手將這些東西打成了蝴蝶結，然後勒死了蘇菲，而且蘇菲的口中還被塞入了不明物體。蘇菲只有20歲，與人在波士頓合租了一間公寓，她的公寓所在地與第一位被害人女裁縫安娜只相距兩個街區。

蘇菲的室友告訴警方，蘇菲正在上大學，她是個性格安靜保守的人，與男朋友的感情很好，從不和異性過多接觸。

警方在搜查案發現場時，發現了蘇菲寫給男朋友的信，正擺在蘇菲的書桌上，還沒有寫完。警方在對房門、門鎖進行檢查時，並未發現被破壞的痕跡，警方懷疑蘇菲正在寫信給男朋友時突然聽到了敲門聲，她或許以為是室友回來了，於是就開了門，主動讓凶手進來。凶手在殺死蘇菲後，顯然在公寓裡亂翻東西，但奇怪的是公寓裡的財物並未損失。顯然凶手的目的並不是錢，可能是為了強姦，警方在仔細搜查

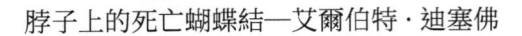

脖子上的死亡蝴蝶結—艾爾伯特・迪塞佛

一番後，在公寓裡找到了精液殘留物。

公寓樓下的一名老婦人告訴警方，在蘇菲遇害的當天，一名可疑的年輕男子來敲門，她開門後，男子問她是否需要刷牆等裝修服務。老婦人回答說，不需要，她的丈夫正在睡覺，不要打擾他。之後男子就怒氣沖沖地離開了。

蘇菲遇害案讓警方的調查工作陷入了僵局之中，蘇菲明顯與之前的被害人不同，她年輕，還是個黑種人，而之前所有的被害人都是白人女子，而且年齡很大，警方開始懷疑蘇菲的死是否與之前的案件有關。不過蘇菲遇害案的作案方式卻和之前的案件十分相似，如果殺死蘇菲的人正是警方一直在追捕的連環殺手，那麼就說明凶手在選擇殺人對象時並不僅僅局限於老婦人，也就是說，波士頓的所有女人都處於危險之中。

蘇菲的被害在波士頓立刻掀起了軒然大波，女人們開始惶惶不安，每天都生活在死亡的陰影裡，她們擔心自己某天會突然被凶手殺死。警方為了安撫民眾的恐慌，加大了夜間巡邏的警力，但這種安全措施並沒有阻止凶案的再次發生。

1962年12月30日，聖誕節剛剛過去沒多久，波士頓的警方就接到報案，23歲的派翠西亞・比賽特（Patricia Jane Bissette）被人殺死在自己的公寓裡。派翠西亞遇害時已經懷有兩個月的身孕，她獨自一人居住，由於好幾天無故曠工，

她的老闆就去她家察看情況。當時老闆怎麼敲門都無人回應，他擔心派翠西亞可能出事了，於是就從她家的防火梯爬進了她的公寓，然後在派翠西亞的臥室發現了她的屍體，當時派翠西亞蒙在被子裡，當老闆掀開被子後就發現派翠西亞早已被人勒死，她的脖子上纏繞著自己的絲襪，絲襪被打成了蝴蝶結狀。

1963年3月9日，69歲的瑪麗·布朗（Mary Ann Brown）在自己的公寓裡被人殺害，與之前的被害人不同，瑪麗生前遭受了毒打，她的胸口處還有十分嚴重的刺傷，瑪麗在遭受了強姦後被凶手勒死，凶手同樣打了個蝴蝶結。

1963年5月8日，23歲的貝弗莉（Beverly Florence Samans）在自己家中被人殺害，她的脖子處緊緊纏繞著絲襪和圍巾，還都被打成了蝴蝶結狀。不過導致貝弗莉死亡的原因並不是窒息，而是刀傷引起的失血過多，貝弗莉的身上一共有22處刀傷，其中頸部被刺了4刀，胸部被刺了18刀，她的血流得到處都是。

1963年9月6日，距離波士頓30公里遠的塞勒姆市發生了一起相似的命案，被害人是58歲的伊芙琳·卡賓（Marie Evelina "Evelyn" Corbin），她的脖子上纏繞著絲襪，被凶手勒死，伊芙琳死前遭受了強姦，警方在她的嘴裡和臥室的床上都發現了精液，而且伊芙琳的嘴裡還塞著自己的內褲。凶手

脖子上的死亡蝴蝶結—艾爾伯特・迪塞佛

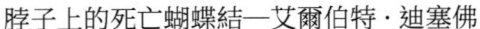

將伊芙琳的公寓翻得亂七八糟後離開,並沒有帶走任何財物。

1963年12月23日,23歲的瓊・格拉夫(Joann Marie Graff)遇害,她生前遭受了毆打和強姦,凶手還在她的胸部留下了咬痕,最後凶手用她的兩條絲襪將其勒死。

瓊樓下的鄰居告訴警方,在瓊遇害的當天,曾有一名穿著綠色大衣的男人來找瓊,當時他敲錯了門,鄰居就告訴他瓊住在樓上,之後男子就離開了。在目擊者的記憶中,這名可疑的男子30歲左右,身高在175公分左右。

不久,19歲的瑪麗・蘇利文(Mary Anne Sullivan)被凶手用絲襪勒死在自己的公寓中,除了頸部的致命傷外,瑪麗身上有許多傷,地板上到處都是她的血跡,而瑪麗的屍體就被赤裸著泡在鮮血中。警方在瑪麗的下體部位發現了一把掃把柄,她的臉上還殘留著精液。瑪麗的腳邊留著一張賀卡,上面寫著「新年快樂」。

在波士頓流竄作案的連環殺手,讓女人們恐慌不已,女人們都不敢單獨留在家裡,單身女子為了克服恐懼開始養狗,當時波士頓的寵物領養中心的狗都被人爭搶一空。與此同時,警方的壓力也很大,一直在努力破案。

就在警方以為連環殺手會繼續作案時,他突然停手了。警方一方面覺得不可思議,另一方面鬆了一口氣,這下警方終於有時間進行案件整理和調查,而不是忙著到案發現場去

取證、勘察。為了尋找犯罪嫌疑人，警方擴大了調查範圍，凡是從監獄和精神病院出來的具有性侵紀錄的男性一一接受警方的調查，但警方並未找到可疑者。

1973年11月的一天晚上，麻薩諸塞州的監獄精神病醫生埃姆斯·羅比（Ames Robey）接到了一通名叫艾爾伯特·迪塞佛（Albert Henry DeSalvo）的犯人的電話，他說自己就是多年來警方一直在追捕的波士頓勒殺狂（Boston Strangler），他還請羅比第二天帶著一個記者來監獄採訪他，他想寫一份關於自己殺人行徑的自傳。

羅比根本不相信迪塞佛是個殺死13名女子的連環殺手，但在迪塞佛的堅持下，羅比準備第二天去監獄探望迪塞佛。但是迪塞佛卻在監獄裡被人刺殺了，刺殺他的凶手不僅沒找到，他的自傳草稿也不見了。

1964年11月，33歲的迪塞佛因猥褻的罪名被警方拘留。從1961年起，迪塞佛就開始在哈佛大學附近尋找女學生下手，他裝作一家模特公司的經紀人，然後去敲女學生宿舍的門，對女學生們說他的公司正在物色新模特。有的女學生會上當，然後迪塞佛會習慣性地掏出一根量尺，開始以量尺寸的名義對女學生實施猥褻。

在因猥褻罪被逮捕後不久，法官考慮到迪塞佛是一個養家餬口的人，還得和妻子一起照顧一個病重的孩子，於是就

脖子上的死亡蝴蝶結—艾爾伯特·迪塞佛

減少了他的刑期,迪塞佛在監獄裡待了1年就出獄了,幾個星期後波士頓發生了第一次扼頸謀殺案。

在最後一名被害人瑪麗·蘇利文遇害後不久,迪塞佛再次被捕入獄,一名女子指控他潛入自己的公寓,用刀子威脅她,亂摸她的下身。迪塞佛在意識到警察正在追捕自己時,開始拚命逃跑,這時迪塞佛注意到一名警察不小心弄掉了自己的配槍,他立刻停止逃跑,迅速地撿起槍後主動交給了警察,警察替迪塞佛戴上手銬後,將他抓走了。

在法庭受審時,迪塞佛表現得很不正常,供述的內容混亂不清,法官懷疑他精神不正常。之後,迪塞佛就被送進了一家州立精神病院裡。

當康乃狄克州的警方得知迪塞佛被捕的消息後,立刻聯想起了之前發生的一系列襲擊女子的案件,被害人們向警方提供了一個總是穿著綠色外套的男人,他打扮成一個打零工

的人，在騙得被害人的信任後就進入被害人家中，對被害人實施強姦。在審訊中，迪塞佛很快承認這一系列性襲擊案件都是他所為。當時警方並未將迪塞佛與波士頓勒殺狂聯想在一起，因為迪塞佛沒有任何命案在身，而且警方也不認為一個連環殺手在犯下一系列暴力殺人案件後會轉向性襲擊這樣輕微的攻擊案。

其實第一個聽到迪塞佛招供的人並不是監獄精神病醫生埃姆斯·羅比，而是一名叫貝利的律師。貝利在辛普森殺妻案中因出色的辯護而在律師界名聲大振，後來他成了殺人犯喬治·納賽爾（George Nassar）的辯護律師，喬治是迪塞佛在精神病院裡的好朋友，他因殘忍地殺害一名加油站職工被判處終身監禁。

迪塞佛經常向喬治吹噓自己征服女人的性能力，後來甚至說他就是波士頓的勒殺狂。喬治在1965年2月與貝利見面時問了一個問題：「波士頓勒殺狂是否可以出版自傳來賺錢？」貝利問喬治為何會有這種奇怪的念頭時，喬治說獄友迪塞佛承認自己就是波士頓勒殺狂，他還督促貝利去採訪迪塞佛。

於是貝利和迪塞佛見了面，並錄下了他的供述內容。貝利認為迪塞佛就是波士頓勒殺狂，因為他描述案件過程和細節十分詳盡，只有兇手本人才能了解得如此清楚。

脖子上的死亡蝴蝶結—艾爾伯特・迪塞佛

1931年9月3日迪塞佛出生於麻薩諸塞州，他的父親法蘭克是個酗酒的暴力狂，經常會虐待妻子和孩子，還會帶妓女回家，當著孩子們的面和妓女發生性關係。迪塞佛7歲時，父親讓一個妓女和他發生了性關係。

法蘭克一直覺得家裡的孩子太多，於是就將迪塞佛和兩個女兒賣給了一個農場主。6個月後，母親找到了迪塞佛和他的姐妹，並將他們領回了家。不久，迪塞佛的父母離婚，他和母親生活在一起，一邊上學一邊打零工貼補家用。

13歲時，迪塞佛因搶錢被捕，由於是初犯，加上所涉金額較少，法官對他進行了從輕處罰。沒過多久，迪塞佛再次因搶劫罪被捕，之後他被送到了萊曼男子工讀學院，兩年後他獲得了假釋。

14歲時，迪塞佛開始表現出濫交和暴力的傾向，他會將狗和貓關在一個籠子裡，然後欣賞牠們相互撕咬直至死亡。

17歲時，迪塞佛應徵入伍，加入了美國陸軍，被派往歐洲。在那裡，迪塞佛認識了他的妻子伊姆佳・貝克（Irmgard Beck），兩人迅速相愛並結婚。婚後，伊姆佳發現迪塞佛不僅性慾旺盛，還有性變態的傾向。在歐洲服役期間，迪塞佛每天都要和女人發生好幾次性關係。

後來，迪塞佛和妻子回到美國後不久，就因猥褻一名9歲女童被捕。由於女童的母親考慮會影響到孩子，決定不起

訴他，於是主動撤銷了對迪塞佛的起訴，讓他逃脫了法律的制裁。

1956年，伊姆佳為迪塞佛生下了一個女兒，之後一家人搬到波士頓居住，此時的迪塞佛的性變態傾向變得越發嚴重，不過周圍人並不知道他是個性變態，覺得他和普通的男人沒有什麼分別，是個好丈夫、好父親，直到迪塞佛因一系列性襲擊被捕入獄。

迪塞佛到底是否是波士頓勒殺狂，一部分人一直很懷疑，相較於迪塞佛，喬治反而更像波士頓勒殺狂，他不僅擅長操控人心，還很狡猾，對女人們充滿了憎恨，凡是和他接觸過的人都相信他完全會做出非常殘忍的事情。

表面上喬治和迪塞佛是好朋友，喬治也是迪塞佛最信任的人，實際上智謀遠遠高於迪塞佛的喬治明顯對他具有操控能力。凡是迪塞佛接受採訪或和弟弟理察見面時，喬治一定會在場，而且如果沒有喬治的允許，迪塞佛一定不會說話。而且迪塞佛還允許喬治的辯護律師貝利成為自己的辯護律師，他深信貝利會使自己免於電椅的懲罰。不少人認為，迪塞佛所陳述的案情都是喬治說給他聽的，喬治極有可能誘惑迪塞佛主動招供，這樣他就可以寫自傳出書，賺到很多錢。

理察從來都不相信哥哥是波士頓勒殺狂，他在迪塞佛遇刺的幾個月前曾去探望過他。當時理察感覺迪塞佛明顯想擺

脖子上的死亡蝴蝶結──艾爾伯特・迪塞佛

脫喬治的控制,他對理察說:「你想知道真正的波士頓勒殺狂究竟是誰嗎?他就坐在這裡。」這時理察注意到,喬治的臉色變了,變得很蒼白。理察認為迪塞佛之所以一直不敢說出真相,是因為他感覺到了死亡的威脅,他甚至還乞求監獄對他實施保護措施,實際上迪塞佛一直受到監獄的保護性監禁,他被單獨關押在一間囚室裡,如果有人想要殺死他,就必須通過六道保全檢查關卡,從而進入他的囚室。即使如此,迪塞佛還是被刺殺了。

【狩獵地點的選擇】

一個連環殺手在尋找獵物之前，會先選擇狩獵地點，也就是說選好殺人的地點。對於連環殺手來說，他對狩獵地點的選擇通常會受到以下幾種因素的影響：

◆個人喜好

例如美國殘殺妓女的連環殺手羅伯特·漢森（Robert Christian Boes Hansen）會將妓女用小型飛機帶到阿拉斯加的森林裡進行槍殺。到了森林，漢森會替妓女鬆綁，故意讓她逃命，自己則像個獵人般用槍捕殺妓女。漢森在上學時就十分喜愛到森林裡捕獵，他能從獵殺妓女中感受到捕獵的刺激。

◆合理的接近理由

例如迪塞佛在性襲擊時，會偽裝成模特公司的經紀人，從而誘使女學生上當，然後他會假借量尺寸之名對女學生動手動腳，有的女學生會意識到自己上當了，被面前這個色狼猥褻，但也有不少女學生會覺得迪塞佛這麼做無可厚非，因

脖子上的死亡蝴蝶結—艾爾伯特・迪塞佛

為他是模特公司的經紀人。這個偽造的身分給了迪塞佛合理接近女學生的理由，並正大光明地實施猥褻。

◆適宜逃脫的機會

例如大部分連環殺手都會在自己熟悉的地區作案，熟悉的地區不僅可以帶來心理上的安全感，殺手還因熟悉地形可以輕鬆逃跑。迪塞佛在作案的時候從不在他家附近尋找被害人，而是開著車毫無目的地在貧民窟尋找「獵物」，因為他是個建築公司的維修工人，對這些地點十分熟悉，開著車也比較容易逃脫。

對於一個罪犯來說，他所選擇的作案地點主要分為兩類：入室和室外。入室強姦殺人的罪犯，在選擇狩獵地點時會慎重地進行考慮，為了方便得手他會選擇自己熟悉的地方下手，這樣方便事後逃脫；或者選擇一些小戶型的住戶，這些住戶通常獨自一人居住，例如波士頓勒殺狂所選擇的被害人全部是孤寡老婦人或者年輕的單身女子，這不僅便於他輕易制服被害人，同時不會被他人打斷，如果選擇一對夫婦下手，就極有可能會失敗。迪塞佛是個建築公司的維修工人，這份職業為他提供了很大的便利，他可以利用這份職業隨便地出入被害人的公寓，因此他對被害人的情況十分了解，知道哪個女子獨自一人居住，是個合適的「獵物」。

不論是入室強姦還是殺人，都說明該罪犯事先有預謀，極有可能存在犯罪前科，例如不少入室強姦犯都有過入室盜竊的經歷。室外強姦殺人的罪犯大多數是激情犯或機遇犯，沒有事先謀劃，只是在特定的情境下突然開始犯罪。

脖子上的死亡蝴蝶結─艾爾伯特・迪塞佛

太平間裡被割掉胸部的女屍——
彼得・杜帕斯

太平間裡被割掉胸部的女屍—彼得・杜帕斯

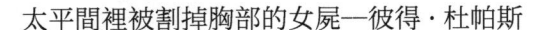

1968 年 10 月 3 日，澳洲墨爾本的警方接到報案電話。等警方趕到案發現場後，立即將襲擊者抓住並帶回警察局。襲擊者是一名 15 歲的少年，名叫彼得・杜帕斯（Peter Norris Dupas）。被襲擊的女性 27 歲，是杜帕斯的鄰居。

根據被害人的描述，在案發當天，杜帕斯來她家中借刀，被害人立即答應，並將刀遞給杜帕斯。在被害人眼裡，杜帕斯只是一個性格有點軟弱的男孩，但她怎麼也沒想到，杜帕斯在接過刀後立刻刺向她，一下子刺傷了她的腹部。沒等到被害人呼救，杜帕斯立刻刺出了第二刀，直接將被害人的手掌給刺穿了。杜帕斯好像瘋了一樣，一邊戳刺一邊歇斯底里地大喊：「太晚了，一切都太晚了！我停不下來，他們會把我關起來的！」被害人一邊奮力抵抗一邊大聲呼救，一名路人在聽到被害人的呼救聲後立即趕來營救，並報了警。

在警察局，杜帕斯告訴審訊的警察，當他拿住刀的那一刻十分興奮，但之後發生了什麼，他根本毫無印象。由於杜帕斯的年齡只有 15 歲，他被送到精神病院接受治療。

自從杜帕斯進入奧斯汀醫院後，該醫院就發生了兩起驚悚事件。1969 年 10 月，醫院太平間的兩具女屍被人為損毀，屍體上有好幾處刀傷，胸部也被割走。警方在接到醫院的報案電話後立刻趕到太平間進行調查，但一直沒有抓住那個刻意損壞屍體的人。多年以後，當杜帕斯因數起強姦殺人

案被捕後，警方發現了一個令人吃驚的現象，杜帕斯每次殺人後，都會割掉被害人的胸部，這已經成為杜帕斯這名連環殺手的象徵，這與太平間裡那兩具被割走胸部的女屍一模一樣，這個發現讓警方認定杜帕斯就是當年損壞屍體的人。

在醫院裡接受了短暫的治療後，杜帕斯就恢復了自由。1973年11月5日，一名已婚女子在家中被杜帕斯強姦。當被害人發現杜帕斯這個闖入者後，想要呼救，但當她看到杜帕斯拿刀架在自己僅18個月大的女兒脖子上時，她立刻放棄呼救，任由杜帕斯將自己用繩子綁起來並實施強姦。杜帕斯離開前威脅被害人，要是她敢報警，就殺死她的女兒，最終被害人保持了沉默。

在之後的幾個星期內，當地頻發強姦案，這都是杜帕斯所為。杜帕斯會威脅每一個被害人，讓她不要報警。有些被害人選擇了沉默，但有些被害人選擇了報警。警方接到報案後，立刻展開調查，於是杜帕斯被抓住了。這一次，杜帕斯被判處9年監禁。

杜帕斯在監獄裡表現得不錯，他一直在壓抑著自己的邪惡慾望，5年後他被釋放出來。或許是因為在監獄裡太過壓抑，杜帕斯在出獄後的10天內連續犯下了四起強姦案。

其中一起強姦案發生在女浴室裡，當時杜帕斯拿著一把刀闖進了女浴室，然後威脅裡面的女人，讓她不要呼救，隨

太平間裡被割掉胸部的女屍—彼得・杜帕斯

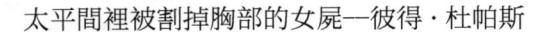

後杜帕斯強姦了她。一些目擊者找機會逃出去，然後報了警。當杜帕斯聽到警笛聲後，立刻覺得不對頭，於是在捅傷了一個人後匆匆逃走。很快，杜帕斯就被警察抓捕歸案。在審訊中，杜帕斯老實交代了所犯案件。

1980年2月28日，杜帕斯接受了審判，這一次他被判處了5年監禁。這項判決結果引起了許多人的不滿，很多媒體都覺得5年的刑期對杜帕斯來說太輕了，杜帕斯應該被判處終身監禁，甚至是死刑。法官並未在意這些議論，堅持原判。

1985年，杜帕斯走出了監獄。一個月後，杜帕斯又犯下了一起強姦案。在案發的當天晚上，他遇到了一名21歲的年輕女子，並一直尾隨在她身後等待機會下手。等時機成熟後，杜帕斯直接衝過去將女子撲倒，掏出刀威脅女子並實施了強姦。之後，杜帕斯迅速離開了案發現場。受害女性報警後，杜帕斯很快就被警察抓住了。

在審訊中，杜帕斯以充滿悔恨的語氣對警察說：「我真的感到很抱歉，我也沒想到會發生這樣的事情。所有的人都跟我說，我已經改好了，我也覺得如此，但沒想到我還是犯了錯，我只是想像個普通人那樣生活。」這一次，杜帕斯被判處了12年監禁。

1987年，此時的杜帕斯正在監獄裡服刑，他與一個名叫葛瑞絲・麥康（Grace McConnell）的護士相戀並結婚。葛

瑞絲比杜帕斯年長 16 歲，兩人的婚姻一直維持了 9 年。在 1996 年，杜帕斯獲得了出獄的機會。出獄後不久，葛瑞絲就因無法忍受杜帕斯而與他離婚。離婚後，杜帕斯搬到墨爾本居住。

1997 年 10 月 4 日，一名拾荒者撥打了報警電話，他在拾荒過程中發現了一具女屍。當時拾荒者正在克利福德大道附近撿鋁罐，他看到角落裡有一個很大的紙箱，紙箱下面似乎壓著什麼東西，拾荒者就好奇地掀開了紙箱，結果發現紙箱下面居然是一具殘破不堪的女屍。

屍檢結果顯示，被害人的脖子、右眼部、右臂和腿上有許多傷口。其中脖子和右眼部的傷口應該是被鈍器刺出來的，右臂和腿上的 20 多處傷口應該是刀具所致。最讓人怵目驚心的是，被害人的左胸被切割下來，並留在了現場。很快，警方就確認了被害人的身分，她名叫瑪格麗特·馬赫（Margaret Maher），是一個妓女。

1997 年 11 月 2 日，25 歲的瑪辛娜·哈瓦斯基（Mersina Halvagis）沒來上班。這天，瑪辛娜所在的公司正在召開會議，瑪辛娜的缺席讓老闆覺得很奇怪，於是就給瑪辛娜的男朋友打電話了解情況。

原來在 11 月 1 日這天，瑪辛娜獨自一人去一片墓地掃墓，從那以後瑪辛娜就與他人失去了聯絡。男朋友得知瑪辛

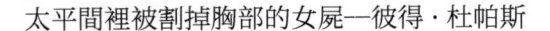

太平間裡被割掉胸部的女屍——彼得・杜帕斯

娜失蹤後十分著急，就召集親朋好友一起尋找瑪辛娜。11月5日，瑪辛娜終於被找到了，她已經被人殺害，屍體放在了墳墓裡，墳墓旁邊還擺滿了鮮花。

屍檢結果顯示，瑪辛娜的胸部、大腿、手臂上有多處刀傷，其中刀傷大部分分布在乳房上。根據瑪辛娜的傷口，法醫認為她應該是在祭奠時被兇手襲擊，當時瑪辛娜正跪在墳墓前，兇手從後面襲擊了她。

很快，警方就查到了杜帕斯的頭上。有目擊證人說，在案發當天曾看到杜帕斯出現在墓地裡。警方調查發現，杜帕斯就居住在墓地附近。由於杜帕斯之前劣跡斑斑，警方立刻將他當成重大嫌疑人抓了起來。在審訊中，杜帕斯堅持否認見過瑪辛娜。警方由於沒有證據，只好將杜帕斯放走了。在2002年，杜帕斯承認了這起命案，當時他正在服刑，由於認罪又被加上了一個終身監禁。

1999年4月19日，一個人發現了自己鄰居的屍體。被害人妮可・帕特森（Nicole Patterson）28歲，是一名諮商心理師。妮可在自己家裡辦了一個工作室，專門為人提供心理諮商，所以她的住所經常有陌生人出入。根據鄰居的反映，妮可是個熱心腸的人，經常會為一些有心理困擾的人提供免費的心理諮商。

屍檢結果顯示，妮可身上有20處以上的刀傷，胸部被兇手割走，嘴巴、手腕和腳踝上都有黃色膠帶的殘留物。

警方在搜查妮可的住所時，發現她的手提包和駕照都不見了。此外警方還發現了妮可的日記，在裡面看到了杜帕斯的名字。後來警察開始查閱妮可的通話紀錄，發現妮可死前曾與杜帕斯頻繁聯絡過，兩人約定在4月18日晚上進行一次心理諮商。而恰恰這一天，妮可被人殺害了。這些發現讓警方懷疑上了杜帕斯，他成了最大的嫌疑人。

警方在搜查杜帕斯的住所時發現了大量的證據，例如一件帶血的衣服、一捲黃色膠帶、一本貼著關於妮可一案報導的筆記本。最關鍵的是，警方還找到了妮可的手提包和駕照。這些物證可以充分證明杜帕斯就是殺死妮可的兇手。

2000年8月22日，杜帕斯因妮可遇害案接受了審判，他被判處終身監禁，不允許假釋。在監獄服刑期間，杜帕斯時不時地會交代幾起懸案，於是他身上的刑罰越來越重，最後被判處了三項終身監禁，他除了死，將永遠不會有機會走出監獄。

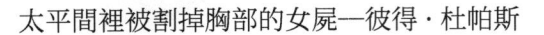

太平間裡被割掉胸部的女屍—彼得・杜帕斯

1953 年 7 月 6 日，杜帕斯出生於雪梨一個普通家庭，他是家中 3 個孩子中最小的那一個。在他出生後不久他們一家人就離開雪梨，搬到墨爾本居住。在杜帕斯出生時，他的父母已經快 40 歲了。因為老來得子，他們對於杜帕斯十分寵愛，為他提供了十分優渥的成長環境。

杜帕斯在家裡雖然是備受寵愛的幼子，但在學校他卻是被霸凌的對象。杜帕斯雖然體型高大，但性格懦弱，這讓他成了同學們嘲笑的對象。在班上，杜帕斯有一個外號「帕斯利」，這是漫改電影《阿達一族》中的一個滑稽角色。有些同學甚至還會故意挑釁杜帕斯，將他絆倒，看著杜帕斯在地上笨拙地掙扎，一邊起鬨一邊嘲笑杜帕斯的樣子像個肥蚯蚓。

或許是因為長期的霸凌，杜帕斯在學校裡的表現很糟糕，他成績差，而且非常孤僻。當周圍的同學都在打鬧嬉戲時，杜帕斯獨自一人在角落裡發呆。每天上下學的路上，同學們大多結伴而行，而杜帕斯則是獨來獨往。

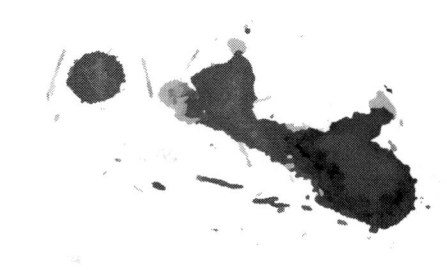

【霸凌與犯罪行為】

　　從某種程度上說，校園霸凌現象十分常見，不少人都曾受到同學的霸凌。導致霸凌現象出現的因素有很多，例如性格軟弱的孩子很容易被同學們惡意攻擊。被霸凌的經歷對於每個人來說都是一種精神上的折磨，當回想起被霸凌的經歷時，會引發十分強烈的創傷情緒。

　　不同的人在面對霸凌時的表現不一樣。有些會向老師或父母求助；有些則以暴制暴；有些則將自己封閉起來，迴避與同學們的交往。杜帕斯就選擇將自己封閉起來，總是獨來獨往。

　　杜帕斯會成為一個殘忍的連環殺手，與他所遭遇的校園霸凌是否密切相關呢？有理論認為，遭受霸凌的孩子由於內心受到了極大的傷害，所以在他們忍無可忍的時候會選擇報復。的確有不少遭受霸凌的人會幻想著報復，將那些霸凌自己的人全部殺死，但他們只是想想，並不會付諸實際行動。換句話說，有許多人都經歷過校園霸凌，他們或許因此而憂鬱、焦慮，但並未走上犯罪道路。當然，也有像杜帕斯這樣

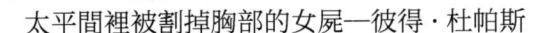

太平間裡被割掉胸部的女屍—彼得·杜帕斯

成年後向社會報復的異類。

杜帕斯對於社會來說顯然是個危險人物,他不適合得到自由,他更適合監獄的生活。根據獄警的反映,杜帕斯在監獄裡表現得非常好,是個模範囚犯。至於杜帕斯的腦子裡到底在幻想著怎樣殘忍血腥的場景,獄警就不知道了。杜帕斯十分擅長偽裝,曾經負責調查杜帕斯犯下的強姦案的警察伊蘭·阿姆斯壯認為,杜帕斯看起來和普通人無異,實際上是一頭披著羊皮的狼,是個吃人不吐渣的惡魔。

大腦中居住著一個惡魔
——BTK 殺手

大腦中居住著一個惡魔—BTK 殺手

1974 年 1 月 15 日,美國堪薩斯州威奇托市的警方接到報案電話,郊區北艾支姆爾大街 803 號發生了滅門慘案,奧特羅一家四口被人殺害。報案者是奧特羅一家的鄰居,他在聽到奧特羅家長子查理的尖叫聲後立刻趕到案發現場,一邊安慰驚恐不已的查理,一邊用奧特羅家的電話報警,但是他發現電話線已經被切斷了,於是只好回到自己的家中報警。

查理 15 歲,案發的時候他正在學校,因此才倖免於難。查理在放學後像往常一樣邁著歡快的步伐回家,當他開啟家門後,立刻被家裡詭異的安靜嚇壞了,不僅沒有人搭理察理,就連狗叫聲也沒有。當查理跑到父母的臥室後,就看到了一幕恐怖的景象,他一生都無法忘記。

警方趕到案發現場後,首先在臥室發現了奧特羅夫婦的屍體。男主人約瑟夫(Joseph Otero)的手腕和腳腕都被捆綁起來,臉部朝著地面趴在角落裡。女主人茱莉亞(Julia Maria Otero)也被人用類似的方式捆綁起來,仰面躺在床上,嘴裡塞著一些東西。

在奧特羅家的地下室和另一間臥室裡,警方發現了查理的妹妹和弟弟的屍體。在樓下的地下室內的水管上吊著一名少女,她就是查理的妹妹約瑟芬(Josephine Otero),約瑟芬的身上只穿著一件 T 恤和短襪,下身赤裸著,嘴裡塞著東西。距離約瑟芬屍體不遠處,警方發現了精液,警方推斷這

應該是凶手留下的,但約瑟芬並未遭到性侵,凶手可能在對著約瑟芬自慰後留下了精液。在另一間臥室裡,有一具兒童的屍體,他的手腕和腳腕被捆住,臉朝地面趴在角落裡,頭部被套在一個袋子裡。這名被害人是查理的弟弟小約瑟夫(Joseph Otero Jr.),只有 9 歲。

在之後的搜查工作中,警方發現奧特羅家裡只丟失了一塊手錶,手錶的主人是約瑟芬。茱莉亞的錢包被凶手開啟,裡面裝著的東西都被倒了出來。警方並未在案發現場發現搶劫和打鬥的痕跡,凶手也沒有破門而入。纏繞在被害人脖子上和綁著被害人的繩子是從百葉窗上剪下來的,由於被害人家中沒有這樣的繩子,警方推斷百葉窗繩一定是凶手帶來的,凶手還可能攜帶著刀子和手槍等武器。

奧特羅謀殺案調查了很長時間還是一無所獲,就在警方準備放棄的時候,突然接到了《威奇托鷹報》編輯唐・格林治爾先生的報警電話,他說自己收到了「奧特羅謀殺案」凶手的一封信。不久之前,格林治爾接到了一個匿名電話。匿名者說自己就是「奧特羅謀殺案」的凶手,他在公共圖書館的一本機械工程學教科書裡藏了一封信,信裡寫著許多「奧特羅謀殺案」中不為人知的細節。格林治爾十分好奇,就去了公共圖書館,他找到了那封信。在信的末尾,凶手錶示:「我無法停止自己殺人的行為,魔鬼會繼續為所欲為,它對我的傷害

大腦中居住著一個惡魔—BTK殺手

和這個社會對我的傷害一樣，不過我是個能解救自己的人。現在，我每天都在夢想著一些人正在被我折磨。」凶手似乎在暗示，他在尋找下一個目標，會有新的無辜者被殺害。

警方在研究了這封信後，立刻確認寫信者就是凶手，因為信中提到約瑟芬在被殺害時，先被勒住了脖子，然後被吊到水管上，看著不停掙扎的約瑟芬，凶手開始自慰。不過單憑這封信，警方無法鎖定嫌疑人。

1974～1978年，威奇托市又出現了3起與「奧特羅謀殺案」相似的命案，被害人都是被凶手勒死，手腕腳腕被捆綁住。警方還在其中一個案發現場發現了精液，但被害人並未遭到性侵。

1978年1月31日，《威奇托鷹報》又接到了凶手的一封信，凶手突發奇想地為一名被害人寫了一首詩。這封信陰差陽錯地被送到了《威奇托鷹報》的廣告部，因此並未立刻被重視起來。

十多天後，當地一家電臺收到了凶手的信件。凶手可能是個渴望引起大眾關注的人，他在寫信給《威奇托鷹報》後就一直在密切關注該報的反應，但他等了十多天都毫無音訊，於是就開始轉向電臺。在信中，凶手提到了自己殺人時的感受，他殺人時覺得興奮異常，他已經殺了7個人，將來還會殺死更多的人。最後凶手表示：「我覺得你們可以替我取個外

號,比如 BTK 絞殺手、詩人扼頸魔等。」在信件的署名處,凶手留下了「BTK」幾個字母。BTK 是 Bind、Torture、Kill 的縮寫,意思是「捆綁、折磨、殺戮」。如凶手所願,他從此之後便有了「BTK 殺手」的名頭。

  BTK 殺手是一個非常有計畫性的連環殺手,每次作案前會選定一個目標,然後再潛伏到目標人物住所附近了解情況。在作案之前,BTK 殺手為防止目標人物報警,會提前把電話線給切斷。

  1979 年,BTK 殺手遇到了第一次失敗。BTK 殺手在選擇了一個名叫安娜(Anna Williams)的老太太作為目標人物後,就按照既定計畫潛入安娜的住所中,等待安娜歸來。BTK 殺手等了很長時間都沒等來安娜,安娜外出辦事沒有回家。隨著時間的流逝,BTK 殺手越來越不耐煩,最後氣沖沖地離開了。

  不久之後,當地媒體收到了 BTK 殺手的最後一封信。信中 BTK 殺手對自己的犯罪動機進行了剖析:「我的大腦中居住著一個惡魔,在惡魔的指示下我會去尋找被害人。被害人對我來說只是個陌生人,我根本不知道他的身分,只有在警方發現被害人後刊登到報紙上,我才會知道被害人的身分。我自己無法阻止腦中惡魔的驅使,或許只有在警察的幫助下,我才不會再受到腦中惡魔的影響。」

大腦中居住著一個惡魔—BTK 殺手

從此之後，BTK 殺手就消失了，好像人間蒸發了一樣，再也沒有出現在公眾的視野中，直到後來他被警方抓住。但在威奇托市，BTK 殺手所帶來的恐怖陰影卻一直沒有消散。威奇托市的居民們每天回家之後都會先去檢查電話線，如果電話線被切斷了，那就意味著 BTK 殺手給自己下了死亡通知書。許多女性每天下班後都不敢在街上逗留，會匆忙趕回家中，把所有的門窗都鎖好。夜晚時分的威奇托市好像一座寂靜的鬼城一般，沒有人敢出來散步。

在抓捕 BTK 殺手的時候，警方顯得十分無能，警方所能做的只有到處宣傳安全防範知識，例如一定不要替陌生人開門。安全防衛系統成了威奇托市家家戶戶的必需品。

BTK 殺手對於威奇托市的警方來說就是一個洗不掉的恥辱，讓他們在公眾面前抬不起頭來，他們根本無法阻止 BTK 殺手繼續作案。漸漸地，美國政府開始重視起 BTK 連環殺人案來，派出了大量的警力，就連聯邦調查局也加入破案的隊伍中。1983 年，一個專門針對 BTK 殺手的破案小組成立了，與此同時，美國警方還發出了一道追緝令。破案小組在美國許多城市收集嫌疑人的血液和 DNA 樣本，但還是沒有抓住 BTK 殺手。

隨著時間的推移，BTK 殺手再也沒有作案，人們和警方開始從 BTK 殺手的陰影中走出來。有人懷疑 BTK 殺手很可

能已經去世。警方則認為，BTK 殺手或許因為其他罪行被關進了監獄，無法再次作案。

沉寂了三十年之後，BTK 殺手再次出現在公眾的視野中，他沒有選擇作案，而是發了一封郵件給《威奇托鷹報》報社。郵件中，BTK 殺手為了證明自己的身分，還附帶了四張照片，其中三張是被害人屍體的照片，另外一張照片則是被害人的汽車牌照。

在之後的幾個月內，BTK 殺手十分活躍，威奇托市的警方、媒體接連收到了 BTK 殺手的信件。為了驗證信件的真偽，這些信件都被送到美國聯邦調查局進行核查，最後考核信件的確是 BTK 殺手寄來的。

在一封信中，BTK 殺手說了一些自己的境況。他說自己出生於 1939 年，1960 年代在軍隊服役。BTK 殺手還提到了自己的興趣愛好，他十分喜愛火車，甚至到了痴迷的地步，不惜搬到鐵軌附近居住。BTK 殺手的第一份工作是電子機械師，他有一個名叫蘇珊的表親在密蘇里州居住，他和一個名叫彼得拉的女人關係很好，彼得拉的妹妹名叫蒂娜。對於 BTK 殺手為什麼要寄信，警方和犯罪心理專家有著不同的看法。警方認為 BTK 殺手是在挑釁警方的權威。而犯罪心理專家則認為 BTK 殺手是為了成名，他只是想吸引大眾的注意而已。

大腦中居住著一個惡魔—BTK殺手

BTK殺手還會寄一些他自己創作的詩歌給警方，例如〈南希之死〉這首詩歌就是專門描寫被BTK殺手殺害的南希的。BTK殺手對文學十分感興趣，尤其喜歡詩歌。警方專門研究過BTK殺手創作的詩歌，並根據他的創作風格鎖定了一位教授。但這位教授已經在幾年前去世了，根本無作案的可能。

美國一家廣播公司在收到BTK殺手的來信後，立刻聯絡了警方。信上的內容是BTK殺手擬定的自傳目錄，不僅有章節還有小標題，他還想好了自傳的名字，即《BTK殺手的故事》。在信件的結尾處，BTK殺手寫道：「這樣的事情還會發生嗎？」

警方認為BTK殺手想為自己寫一本自傳，自傳的結局就是他被警方抓住。警方透過分析認為BTK殺手十分渴望成名，儘管臭名昭彰他也十分情願。於是警方準備利用BTK殺手的這種心理將他揪出來。警方負責人在媒體上公開表示自己願意和BTK殺手交流。

BTK殺手果然上鉤了，他從2004年起就一直與警方保持聯絡。由於聯絡得越來越頻繁，BTK殺手開始曝光更多和自己切身相關的資訊，這些對警方來說都是十分有價值的線索。

有一次，BTK殺手問了警方一個問題：「警察是否能透

過電腦軟碟追蹤到使用者的具體情況和地址？」顯然，BTK殺手想透過電腦軟碟來與警方溝通和聯絡。這對警方來說是個十分難得的機會，於是警方告訴BTK殺手，警察還不具備根據電腦軟碟進行追蹤的技術。BTK殺手顯然相信了警方的說法，在之後寄出的一封信中，就有了一個軟碟。很快警方就透過軟碟找到了一個重大嫌疑人，他名叫丹尼斯·雷德（Dennis Lynn Rader）。

　　在抓捕雷德的過程中，雷德的女兒發揮了十分關鍵的作用。2005年，某新聞網公布了一條爆炸性的消息，一名女性懷疑自己的父親就是被警方追捕了30多年的BTK殺手。警方很快與這名女性取得了聯絡，她就是雷德的女兒。在徵得這位女士同意的情況下，警方取得了她的DNA樣本，之後拿她的DNA與多起凶殺案現場所留下的DNA樣本進行比對，比對結果顯示，兩者十分相似。

　　申請到逮捕令後，警方在2月26日這天潛伏在雷德的住所附近，等待雷德出現，最後雷德在公路上被捕。

　　確認雷德就是BTK殺手後，警方在第一時間召開了新聞釋出會，公開宣布已經將BTK殺手抓捕歸案。雖說抓住BTK殺手讓警方終於揚眉吐氣了，但BTK殺手會被警方抓住的根本原因在於他自己。如果雷德不主動與警方頻繁聯絡，而是在作案之後選擇永遠消失，那麼BTK殺手很可能會

大腦中居住著一個惡魔—BTK殺手

成為一個永遠無法解開的謎題。

在接受審判的時候，年近60的雷德穿著米色西裝、打著深色領帶、戴著眼鏡出現在了法庭上。雷德表現得十分鎮定，他爽快地承認自己就是BTK殺手，並告訴法官，他願意主動放棄選擇陪審團的權利。

在雷德被捕之前，BTK就是變態殺人狂的代名詞。自從他被確認是BTK殺手後，他就成了大眾心目中的變態殺人狂。讓所有人都想不到的是，在真面目被揭穿之前，雷德只是一個普通的中產階級，有一個幸福美滿的家庭，周圍人怎麼也想不到雷德就是BTK殺手。

雷德出生於一個正常的普通家庭。大學沒畢業就報名參軍，在美國空軍擔任機械師。雷德在軍隊裡待了4年，先後到過希臘、土耳其、韓國和日本等國家。結束服役後，雷德

回到了家鄉，進入大學繼續自己的學業。

雷德的學士學位用了 10 年的時間才拿到。這 10 年雷德並未將全部的心思都用在學業上，他一邊上學，一邊工作、結婚和生子，與此同時還扮演著 BTK 殺手的角色。

1971 年，雷德與一名德裔美國人結婚了，婚後兩人育有一對兒女。雷德與妻子的感情不錯，常常待在一起。雷德總是利用閒暇時間到教堂去，與教堂裡的一位牧師關係不錯，總會帶一些義大利醬和沙拉給他。

1974 年，雷德成了一家家庭保全公司的員工，主要工作是替客戶家中安裝監控系統。雷德在這家公司裡工作了十多年，他一邊為客戶安裝監控系統，一邊殺人。由於 BTK 殺手的存在，人們很擔心自己的人身安全，會主動花錢替家裡安裝監控系統，監控系統成了每個家庭必不可少的東西。因此，雷德所在的公司業績開始蒸蒸日上。

後來，雷德換了一份工作，開始做起了人口普查，還成了外勤業務主管。凡是和雷德有過接觸的人，都覺得雷德是個熱心腸，會積極參與社區的教堂事務，還主動提出義務擔任童子軍隊長，在對待孩子時十分耐心，例如他會耐心地教孩子如何打繩結。

一年後，雷德在動物監管中心找到了一份工作。當地人很喜歡雷德，因為雷德不僅熱情，還能做到嚴於律己。所以

大腦中居住著一個惡魔—BTK殺手

當地人得知雷德就是BTK殺手時，都不敢相信這是事實。

據雷德的交代，「奧特羅謀殺案」是他第一次殺人。雷德在決定動手之前，先切斷了奧特羅家的電話線，然後他以討要食物為由敲了敲門，奧特羅夫婦只覺得雷德是個普通的路人，於是就開啟了門。所以警方在案發現場沒有發現破門而入和打鬥的痕跡。在殺死奧特羅夫婦後，雷德發現家裡還有兩個孩子，於是順便殺死了奧特羅夫婦的一雙兒女。

雷德表示他在作案之前一般會制定多個方案，主要分為三個步驟，即「釣魚」、「獵捕」和「殺死」。在選定了一個目標人物並準備開始行動時，雷德會選擇其中一個方案執行，如果失敗了，就會換另一個方案。雷德每次殺人時都會帶著一個公事包，公事包裡裝著繩索和其他作案工具。

在雷德被捕之前的1994年，堪薩斯州就恢復了死刑。法官考慮到雷德所犯下的謀殺案都是在1994年之前，認為雷德只需要對1994年之前的謀殺案負責，於是就沒有判處雷德死刑，而是判處了他10個終身監禁。

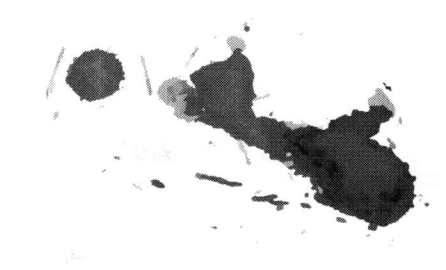

【自制力與殺戮】

雷德是個殘忍的連環殺手，同時也是個外表和善的中產階級。或許正是因為雷德有合法公民的一面，才導致他一直逍遙法外。警方在追蹤案件嫌疑人的時候，通常會著重調查一些沒有穩定工作或是留有案底的人，在警方看來合法公民沒有作案動機。

大多數連環殺手通常都處在社會的邊緣，他們沒有穩定的工作、人際關係，而且都是單身狀態。但雷德顯然是個不同尋常的連環殺手，他有穩定的工作、幸福美滿的家庭，社交能力也不錯。

連環殺手之所以被稱為連環殺手，是因為他們會不停地殺人，而且通常是找陌生人下手。對於連環殺手來說，殺人會使他們獲得一種心理上的滿足感，這種滿足感會讓他們暫時回歸到正常的生活之中。當滿足感隨著時間流逝漸漸消失後，連環殺手會變得焦躁不安起來，重新產生強烈的殺人衝動。對於連環殺手來說，殺人以及殺人的幻想會令他們十分興奮。

大腦中居住著一個惡魔—BTK 殺手

雷德顯然也是如此。但是雷德與大多數連環殺手不同的是，他不會對殺人上癮。所以雷德頻繁作案後突然消失了，在長達 30 年的時間內，雷德都沒有再殺人。在這 30 年內，雷德不再是 BTK 殺手，而是成了一個和善的普通人，與他一起生活的妻子從未發現雷德的反常行為。

在沉寂了 30 年之後，雷德主動出現在了公眾視線內，並且頻繁與警方進行聯繫。對於雷德的這種反常行為，警方認為雷德是希望 BTK 殺手可以顯得更真實一些，或者雷德希望警察能抓住自己。一位犯罪心理學的教授認為，如果雷德不及時被捕，很可能會繼續作案殺人。

史蒂芬‧艾格（Steven Egger）是一個專門研究連環殺手的犯罪心理學教授，他對雷德這樣的連環殺手十分感興趣。艾格認為雷德是個自制力很強的連環殺手，有兩種截然不同的面目。在妻子兒女面前，雷德是個正常人；但面對被害人時，雷德會將對方看成自己的獵物，而他則是一個殘忍的屠殺者。

許多人都無法理解雷德這種連環殺手。對此，連環殺手小說的作者傑克‧立文（Jack Levin）給出了一個合理的解釋。在立文看來，這種自制力很強的連環殺手的心理與在死亡集中營工作的納粹醫生一樣，工作時冷酷無情，回到家後就會變成正常人，可以和自己的孩子玩耍嬉戲，可以和朋友家人

談笑風生。雷德在殺人時是個變態殺人狂，但回到了家裡，他就是好丈夫和一個負責的父親。

當連環殺手擁有了很強的自制力時，那將會十分恐怖。一旦殺戮與自制力結合在一起，那麼警方就會束手無策。雷德會在殺人之前制定一個計畫，他不僅會計劃殺人過程，就連逃跑路線也會制定好，所以雷德從未失手過。雷德的自制能力不僅能讓他具有一定的反偵查能力，避免在案發現場為警方留下有價值的線索，還能讓他像正常人一樣生活。對於雷德來說，和善的中產階級這一身分為他提供了保護，避免警方將其列為嫌疑人。

大腦中居住著一個惡魔─BTK殺手

挾持警察做人質
—— 保羅・約翰・諾爾斯

挾持警察做人質——保羅·約翰·諾爾斯

1974 年 11 月 17 日，一名叫查爾斯·坎貝爾（Charles Eugene Campbell）的警察在佛羅里達高速公路上巡邏的時候，發現了一輛被盜的汽車。就在查爾斯準備將司機逮捕的時候，卻被司機搶先一步制服了，司機還拿走了查爾斯的配槍，這下查爾斯成了人質。

這名司機是美國著名的流浪殺手，名叫保羅·約翰·諾爾斯（Paul John Knowles）。在此之前他瘋狂殺人，平均下來每週殺死一個人，短短 5 個月的時間就殺死了 21 個人。在挾持了查爾斯後，諾爾斯劫了一輛車，並將汽車的主人詹姆斯·梅耶一起劫持了。載著兩名人質，諾爾斯將車開到了珀拉斯凱縣的一片樹林中，並處決了兩名人質。

當地警方得知一名警察被挾持並殺害後，立刻出動了大量警力，甚至還派了警犬和直升機來抓捕諾爾斯。即使如此，警方依舊未能抓住狡猾的諾爾斯。諾爾斯逃了整整一個月，他不停地穿越樹林和沼澤地，最後因撞上路障被警方抓住。

12 月 18 日，在被押送去最高安全等級的監獄途中，諾爾斯突然撲向一名 FBI 探員艾爾（Earl Lee），想要搶走艾爾腰間的槍，另一名 FBI 探員羅尼（Ronnie Angel）看到此景後，立刻開槍，擊中了諾爾斯的胸口，最終諾爾斯在送往醫院的路上死亡。

1946 年 4 月 14 日，諾爾斯出生於佛羅里達州。在被生父生母遺棄後，諾爾斯被一對夫婦收養。在收養家庭裡，諾

爾斯的日子過得並不好，他很早就離開了家到社會上流浪。

1974年，諾爾斯因盜竊罪被捕入獄。諾爾斯經常因盜竊和打架被關進監獄，他是監獄裡的常客，他人生中有一半時間都是在監獄裡度過的。在服刑期間，諾爾斯和一個名叫安琪拉·科維奇（Angela Covic）的女子成了筆友。安琪拉生活在佛羅里達，是個離了婚的女人。在與諾爾斯通了一段時間信後，安琪拉就來到了諾爾斯服刑的監獄，兩人一見鍾情，安琪拉答應諾爾斯等他一出獄，兩人就結婚。

5月，諾爾斯獲得了釋放。他走出監獄後想要做的第一件事情就是到佛羅里達和安琪拉結婚。不過，安琪拉卻提出要取消與諾爾斯的婚約。

不久之前，安琪拉拜訪了一個心理專家，並將諾爾斯的情況告訴了專家。專家建議安琪拉遠離諾爾斯，他說雖然諾爾斯看起來很有魅力，但內心充滿了暴戾，他是個很危險的人物，一旦他想要發洩內心的暴戾，那後果不堪設想。安琪拉接受了專家的建議，主動取消了與諾爾斯的婚約。讓安琪拉萬萬沒想到的是，她的此舉刺激了諾爾斯，從此之後諾爾斯開始了連續的殺戮。

被拒絕的諾爾斯在一家酒吧買醉時，刺傷了一名酒保，他因此再次入獄。7月26日，諾爾斯成功從監獄裡逃了出來。

在諾爾斯越獄的幾個小時後，一名獨居老人愛麗絲·柯

挟持警察做人質—保羅・約翰・諾爾斯

蒂斯（Alice Heneritta Curtis）被搶劫，諾爾斯在離開柯蒂斯的住所前還扼死了柯蒂斯。之後，諾爾斯綁走了兩名女孩——11歲的莉莉安・安德森（Lillian Annette Anderson）和7歲的瑪麗特・約瑟芬（Mylette Josephine）。諾爾斯為了杜絕後患將兩名女孩殺死，並將屍體扔到了沼澤地。

諾爾斯繼續流浪，當他來到大西洋灘後決定搶些錢。於是諾爾斯闖進了瑪喬麗・豪伊（Marjorie Howie）的住所，在搶走所有值錢的東西後，諾爾斯勒死了瑪喬麗。

兩天後，諾爾斯強姦並勒死了一個女人。在案發當天，諾爾斯正百無聊賴地開著盜竊的汽車在公路上行駛，這時一個女人出現了，她表示想要搭順風車，諾爾斯同意了。等女人上車後，諾爾斯就凶相畢露，強姦並殺死了她。

在接下來的一週內，諾爾斯接連殺死了5個人。之後的一段時間內，諾爾斯進入了冷卻期，他沒有再殺人，直到8月23日。

這天，諾爾斯來到了蒙蒂塞洛。諾爾斯闖進了凱西・皮爾斯（Kathie Sue Pierce）的住所，凱西是個單親媽媽，有個3歲的兒子。在這名3歲幼童的注視下，諾爾斯強姦並殺害了凱西。在離開前，諾爾斯並未殺死凱西的兒子，反而還替這個小男孩做了頓飯。

離開佛羅里達後，諾爾斯來到了俄亥俄州。在利馬的一

家酒吧裡，諾爾斯和一個男人發生了衝突，被激怒的諾爾斯將男子打死後，把他的屍體扔到了一片樹林裡，然後開車來到了內華達州。

在內華達州的一片樹林裡，諾爾斯遇到了一對正在露營的老夫妻，他殺死了他們。9月18日，諾爾斯來到了德克薩斯州，他遇到了一個女騎士向他求助，諾爾斯自然不會放過這名女子。3天後，女騎士的屍體在路邊被人發現。

諾爾斯來到阿拉巴馬後，與安·道森（Ann Jean Dawson）相遇，兩人相處了一段時間後互生情愫。但很快，諾爾斯就厭煩了道森，他在9月29日殺死了道森。不久之後，諾爾斯在維吉尼亞射殺了53歲的多麗絲·霍西（Doris Hosey）。

在喬治亞州的一個酒吧裡，諾爾斯認識了45歲的卡斯威爾·卡爾（Carswell Hall Carr Sr.），兩人聊得很愉快。在離開酒吧時，卡斯威爾向諾爾斯發出了邀請，於是諾爾斯來到了卡斯威爾的住所。諾爾斯捅死卡斯威爾後，強姦並殺死了卡斯威爾15歲的女兒阿曼達（Amanda Beth Carr）。

11月8日，諾爾斯在亞特蘭大認識了英國女記者珊蒂·福克斯（Sandy Fawkes），兩人相處得很愉快。在過了幾天甜蜜的日子後，諾爾斯就離開了福克斯，準備回到佛羅里達。幸運的是，福克斯並未遭到毒手。之後福克斯在寫和連環殺手相關的報導時，還會提及諾爾斯。

挾持警察做人質—保羅・約翰・諾爾斯

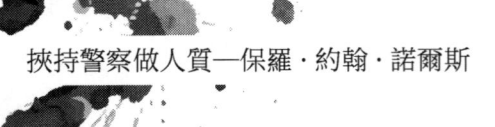

【侵略性攻擊人格】

　　瑞德福大學在調查研究了 50 名連環殺手的童年經歷後，發現其中 68％的連環殺手都經歷過「某種類型的虐待」，例如生理虐待、性虐待、心理虐待或忽視。這項研究結果說明，大多數連環殺手在童年時期都遭受過某種形式的虐待。

　　一個曾遭受過羞辱或懲罰的孩子，很可能會產生殘忍的傾向。在大衛・霍瑟爾看來，心理上的虐待與未來行為有著很強的相關性。諾爾斯在很小的時候有過被父母拋棄的經歷，即使被一個家庭收養了，也從未體驗過被關愛的感覺。如果一個人無法從父母或照顧者那裡獲得關愛，那麼他就會因被忽視而無法產生同情他人的能力。

　　童年的糟糕經歷會使一個人產生無助感，對於一個有暴力傾向的人來說，無助感會是一種可怕的人格缺陷。他們會產生無法控制自己生活和處境的感覺，從而催生過強的控制欲。

　　如果一個人從小生活在不穩定的環境中，例如頻繁搬家、更換寄養家庭等，他可能會覺得無法掌控自己的生活，

而且他也沒有時間和同齡人建立穩定、親密的關係。於是他不僅容易出現控制問題，也會因沒有和人建立穩定關係而無法擁有同理心，缺乏同情心再加上想要控制他人，這兩者組合在一起就會出現病態的心理需求。因此連環殺手通常十分渴望操縱他人，有些連環殺手甚至非常擅長利用他人的情感來操縱對方。

犯罪調查員史蒂芬·吉安傑洛認為連環殺手具有「侵略性攻擊人格」，認為自己高人一等，於是他們很容易做出傷害或謀殺他人的行為，並且不會後悔。這與缺乏同情心是密切相關的，如果一個人無法對他人的恐懼、痛苦產生共鳴，那麼他在奪取這個人的生命後也不會內疚。

心理學家瑪西亞·西羅塔（Marcia Sirota）認為，一個人，如果在孩童時期沒有得到足夠的關愛和情感滿足，就會成為情感空虛的人，會變得自私自利，無法與他人建立正常的人際關係。與他人保持健康的關係是心理健康的重要組成部分，為了填補情感空虛，連環殺手會不停地殺人。

在安琪拉取消與諾爾斯的婚約後，諾爾斯的情感變得更加空虛，於是他開始了殺戮。那麼如果安琪拉與諾爾斯結婚了，是否就可以阻止諾爾斯走上犯罪道路呢？道森的遭遇就是答案。諾爾斯與道森建立了親密的關係，但他很快就厭倦了，他需要尋求新的刺激，於是殺死了道森。

挾持警察做人質——保羅‧約翰‧諾爾斯

犯罪心理學家羅伯特‧霍爾（Robert Hall）在 1965 年曾做過一項實驗，受試者都患有精神病，其中連環殺手占很大的比例。在實驗過程中，受試者和正常志工被連線到電擊感應儀器上，他們能看到倒數計時的計時器，當計時器走到零時，他們就會遭受電擊。正常志工看到計時器接近零時，會變得極度焦慮和不安，但受試者卻平靜得多。這說明，受試者承受電擊的限度要遠高於常人。心理變態者並不害怕被電擊懲罰，他們需要尋求越來越極端的刺激，他們很容易變得麻木。

對於連環殺手來說，他們不停地殺人就是在尋求刺激，他們很容易對正常人的生活感到麻木。諾爾斯如果與安琪拉結婚，他很快就會因為婚姻生活的無聊而再次犯罪。諾爾斯的一半人生都是在監獄裡度過的，他最初犯的不過是盜竊罪，當他嘗試了強姦、殺人所帶來的刺激後，就再也無法停手了。

引爆炸彈殺獄友的殺手
——唐納德·亨利·加斯金

引爆炸彈殺獄友的殺手——唐納德·亨利·加斯金

1975 年 11 月 14 日，一個名叫唐納德·亨利·加斯金（Donald Henry Gaskins）的男人被警方逮捕，有目擊者報警說，看到加斯金殺人了。這不是加斯金第一次被捕，他在 15 歲時因搶劫被關進了少管所，在少管所裡待了兩年。加斯金在 21 歲時，因強姦和殺人未遂被判了 6 年刑期。

在加斯金被捕後不久，警方就在他的住所發現了許多失蹤者的物品。警方懷疑這些失蹤者都被加斯金殺害了。在審訊過程中，加斯金很快就承認了自己所犯下的罪行，他還帶著警方來到了藏屍地點，挖出了 8 名被害人的屍骨。

1968 年，加斯金假釋出獄，這顯然是個錯誤的決定。出獄後不久，加斯金就再次犯罪，他強姦了一名 12 歲的少女。

1969 年 9 月，加斯金開始了系列殺人行為。加斯金很喜歡折磨被害人，為了滿足這種變態的心理需求，當他控制了一名被害人的時候，會盡量想辦法讓被害人活著，好讓他盡情地虐待對方。

1970 年 11 月，15 歲的珍妮絲（Janice Kirby）和她 17 歲的朋友派翠西亞（Patricia Ann Alsbrook）失蹤了。珍妮絲是加斯金的姪女，他對這個姪女早有非分之想，於是當家裡只有珍妮絲和派翠西亞的時候，加斯金決定利用這個機會強姦她們。但珍妮絲一直拚命抵抗，讓加斯金無法得手，憤怒不已的加斯金開始毆打珍妮絲和派翠西亞，直到兩個人被毆打致死。當加斯金

冷靜下來後，就將兩人的屍體帶到一個人跡罕至的地方埋了。

1973年，加斯金犯下了一起最令人髮指的罪行，他殺死了一名22歲的孕婦朵琳（Doreen Hope Dempsey）和她2歲的女兒羅賓（Robin Michelle Dempsey），這對母女是加斯金的鄰居。

1975年，加斯金殺死了一個男人，他這次殺人完全是為了錢，他被一名女子僱用，該女子讓加斯金殺死她的前男友。

同年4月，加金斯殺死了好友華特·尼利（Walter Neeley）已分居的妻子黛安（Dianne Bellamy Neeley）以及她的男朋友艾福瑞（Avery Leroy Howard）。

1976年5月，加斯金被判處死刑。在庭審過程中，加斯金的辯護律師本應該履行職責，盡量為加斯金進行辯護，但辯護律師並沒有這樣做，他覺得加斯金實在罪無可恕，尤其是他還殺害了一名無辜的2歲女童。辯護律師不僅沒有為加斯金進行辯護，還稱他是「美國有史以來最邪惡的人」。

引爆炸彈殺獄友的殺手——唐納德・亨利・加斯金

加斯金的死刑並未順利執行。11 月，美國聯邦最高法院認為此項判決結果有違憲法，於是加斯金被改判終身監禁。但幾年之後，加斯金又在監獄裡犯下了殺人罪。此時的南卡羅萊納州已經恢復了死刑，所以他再次被判處死刑。於是 58 歲的加斯金在 1991 年 9 月 6 日被送上電椅處死。既然加斯金已經被判為無期，他在監獄裡是怎麼殺人的呢？

1982 年，一個名叫魯道夫・特納（Rudolph Tyner）的犯人被加斯金殺死。加斯金身材矮小，在監獄裡屬於會被欺負和強姦的那一類人。魯道夫不了解加斯金的過往，所以他想朝加斯金下手，這讓加斯金萌生了殺死魯道夫的想法。

在之後的幾週內，加斯金開始嘗試殺死魯道夫，例如在食物裡下毒。最後加斯金用一種塑膠爆炸物殺死了魯道夫。加斯金將這種塑膠爆炸物和一個引爆器藏在了一個收音機裡。加斯金把這個收音機交給魯道夫，並對魯道夫說自己已經將收音機改裝成了對講機，魯道夫可以利用這個對講機和自己對話。魯道夫相信了加斯金的說法，將這個收音機拿走了。等加斯金回到自己的牢房後，就引爆了收音機，最後魯道夫被炸死了。

魯道夫不是第一個企圖強姦加斯金的人。在加斯金因搶劫被關進少管所的時候，他就曾被人強姦，那個時候加斯金身材矮小，根本沒有抵抗力，只能任人魚肉。雖然少管

所的看守知道強姦現象的存在，但根本不會管。在少管所的兩年，是加斯金一生中最黑暗的時光，他的人格變得更加扭曲。

從少管所出來後，加斯金繼續犯罪，除了搶劫、盜竊外，他開始對女性施暴，而且施暴的次數越來越多。凡是被加斯金盯上的女人，除了會被搶劫外，還會被加斯金強姦或毆打。

1953年，警方接到報案，一名女孩失蹤了。警方根據線索，追蹤到了一處偏僻的山林裡，當時女孩差點被加斯金殺死。原來是加斯金綁架了女孩，他在強姦過女孩之後，就準備將其錘殺，幸好警方及時趕到。就這樣，加斯金因強姦罪和殺人未遂罪被判處了6年刑期。

男子監獄是個充滿暴力的地方，尤其是像加斯金這樣身材矮小的犯人，常常會面臨著被強姦的危險。在兩個月後，加斯金再也忍受不了每天被強姦的日子，他決定殺死對他施暴的人，於是他偷偷藏起了一個鐵片，並趁著施暴者不備，割開了對方的喉嚨。當時的場面十分血腥，加斯金也因此被延長了15年監禁。從那以後，加斯金的監獄生活過得越來越順暢，再也不會有犯人敢惹他這個狠角色。

加斯金之所以身材矮小，遠不及同齡人那樣高大，與他的身世有著密切的連繫。在加斯金母親懷孕期間，他的父親

引爆炸彈殺獄友的殺手——唐納德·亨利·加斯金

就失蹤了。可想而知,加斯金母親當時的心情有多糟糕,這導致了加斯金的早產,出生時加斯金的體重只有 4 磅(約 1,800 公克)。

由於加斯金是早產兒,身體本來就不好,再加上後天疏於照顧,加斯金一直是同齡人中最矮小的那個。在加斯金出生後,他的母親開始將注意力放在其他男人身上,根本無暇照顧加斯金。加斯金母親身邊的男人總是換來換去,她換男人比換衣服還要頻繁。加斯金的母親還很喜歡去夜店玩,經常不在家。後來加斯金有了父親,他的母親嫁給了一個酒鬼。這個酒鬼繼父是個暴力狂,總是對加斯金母子拳腳相加,嘴上說是在教育他們,實際上只是在發洩。

在這樣糟糕的環境中長大的加斯金注定要走上犯罪的道路,他在 8 歲的時候就輟學了。離開學校後,加斯金開始混幫派,從那以後加斯金就沒有停止過犯罪。

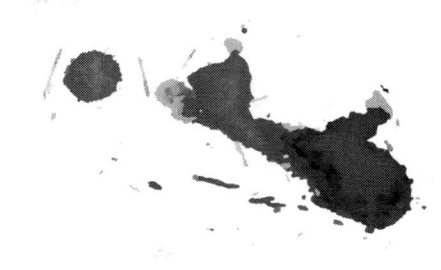

【不良同伴：犯罪行為催化劑】

在一個人成長的過程中，同伴所產生的作用既獨特又重要，會影響一個人的社會情感發展。當一個人步入青春期後，同伴的重要性就漸漸突出，而父母的影響會漸漸下降。在犯罪行為上，同伴的影響是一個重要影響指標。常言道，「近朱者赤，近墨者黑」，說的就是同伴的影響力。

青少年十分容易拉幫結派進行犯罪活動。對於青少年來說，尤其是像加斯金這樣從小在一個糟糕的環境下長大的人，同伴會變得非常重要，加入一個團夥就意味著他能獲得友誼、歸屬感和保護，甚至是安全感。

加斯金在8歲的時候就輟學了，他無法從家庭和學校那裡獲得歸屬感，而且惡劣的家庭環境和糟糕的學習成績總是讓他充滿了自卑感和挫敗感，這些壓力會給他的心理帶來困擾。而這種困擾恰恰可以在加入某些幫派之後得以擺脫。

如果一個人進行單獨犯罪活動，尤其是第一次犯罪，那麼他就會產生強烈的恐懼感。而幫派犯罪可以給他安全感和作案的勇氣，他會覺得犯罪的責任不是自己一個人在承擔。

引爆炸彈殺獄友的殺手——唐納德・亨利・加斯金

那麼，什麼樣的青少年更容易加入幫派中呢？像加斯金這樣的人。加斯金在一個糟糕的家庭環境中長大，他沒有體會過母愛，還總是遭受繼父的毆打，他沒有機會學習與他人相處的社交技能，因此加斯金在學校裡是個很容易被同齡人拒絕的孩子。調查研究顯示，越是缺乏社交技巧的人越容易被同伴拒絕，而越是被拒絕的青少年就越渴望加入不良組織中。

當加斯金加入幫派中時，他發現幫派中有許多人都和自己相似，於是他越來越容易被幫派中的不良同伴所影響，開始參與搶劫等犯罪行為。如果一個人在童年期或青春期已經出現行為問題或是反社會傾向，那麼當他加入不良同伴的集團中，他的行為問題會越來越嚴重，他的反社會傾向會因為周圍人的鼓勵而得以助長。

用處決的方式殺人
——大衛·卡彭特

用處決的方式殺人—大衛・卡彭特

1979年8月底,加州的塔瑪佩斯山州立公園裡出現了一具女屍,死者的雙眼被遮住、雙手被反綁在背後,後腦勺上有一個槍眼。顯然凶手在決定殺死被害人的時候,採用了一種處決的殺人方式,這種殺人方式充滿了儀式感,他將被害人的雙手反綁在背後,然後讓她跪在地上,最後朝著她的腦袋後面開了一槍。警方很快就確認了被害人的身分,是在8月中旬失蹤的艾達・凱恩(Edda Kane)。艾達是在塔瑪佩斯山州立公園裡徒步旅行的時候失蹤的,她被凶手綁走後,囚禁了一個星期,然後被殺死。

1980年3月,塔瑪佩斯山州立公園裡再次出現了一具女屍。死者的屍體胸口處有兩處看起來非常刺眼的刀傷。警方很快確認了死者的身分,是23歲的巴芭芭拉・施瓦茲(Barbara Schwartz)。

1980年10月,26歲的安妮・安德森(Anne Alderson)在夜跑的時候失蹤了。一個星期後,安妮的屍體被人發現,她與艾達一樣被以一種處決的方式殺害,警方推斷殺死安妮和艾達的應該是同一個凶手,並替凶手取了一個外號——「小徑殺手」(The Trailside Killer)。此外,警方還懷疑這個小徑殺手就是之前的「黃道十二宮殺手」[01](The Zodiac Killer),

---

[01] 一名於1960年代晚期在美國加州北部犯下多起凶案的連環殺手,案件至今未偵破。

不過後來警方放棄了這個猜想，因為兩者的犯罪現場有很大出入。

後來警方鎖定了一個犯罪嫌疑人，此人身上背負著命案，在殺死了自己的兩個兄弟之後，就帶著母親躲進了塔瑪佩斯山裡。警方在搜查塔瑪佩斯山的時候，在山腳下找到了此人。當警方將此人帶回去進行審問後，發現此人並無作案的可能，最關鍵的是小徑殺手的殺戮還在繼續著，顯然眼前的這個人並非小徑殺手。

1980年11月29日，人們在雷耶斯公園內發現了一具女屍，死者是兩天前失蹤的25歲的薛娜·梅（Shauna May），她在雷耶斯公園裡散步的時候被人綁走。警方在薛娜的腦袋上發現了被子彈射穿的痕跡，顯然她也是被凶手射殺的。

警方在對薛娜屍體附近的場地進行搜查的時候，發現了一個可疑的地方，有片土地似乎被人翻動過，於是警方在此地展開了挖掘，並挖出了一具屍體。死者與薛娜一樣，被人用槍射穿了腦袋，她也是在雷耶斯公園散步的時候失蹤的，已經失蹤了一個多月，名叫戴安娜·奧康乃爾（Diane O'Connell）。

警方的搜查工作依舊在繼續，到了傍晚時分，警方在公園的角落裡找到了兩具女屍，這兩名死者的死法、死亡時間都一樣，顯然是被同一人殺死的。後來警方確認了兩名死者的身分，分別是18歲的辛西婭·莫蘭（Cynthia Moreland）和

19歲的理察・史托沃茲（Richard Stowers）。

這4起凶殺案在當地引起了巨大的恐慌，畢竟4具屍體是在同一天被發現的。各路媒體紛紛開始大肆報導雷耶斯公園發生的命案，這無形中對警方的破案造成了巨大的壓力。

1981年3月的一天，警察局跑進了一個恐慌的男子，他對警方說自己和女朋友艾倫・漢森（Ellen Marie Hansen）在聖克魯茲附近的公園裡慢跑時，突然跳出來一個男人，被這個男人制服後，他眼睜睜地看著艾倫被男人強姦並殺害。後來他趁機逃脫了男人的控制，一路跑到警察局報案，他在描述完自己剛剛經歷的一切後，還告訴了警方凶手的長相。在該男子的帶領下，警察來到了公園，結果只找到了艾倫的屍體。

警方從公園的工作人員那裡得到了一條線索，在艾倫被殺害的那天，公園裡出現了一輛可疑的紅色汽車，汽車的顏色很鮮豔，十分引人注目。那輛紅色汽車一直停留在公園裡，直到艾倫被殺害後才被開走。

警方雖然知道了凶手的長相，還知道他有一輛紅色的汽車，但想要靠這兩條線索抓住凶手，對警方來說還是不太現實。警方只能寄希望於凶手在再次作案的時候留下更多的線索。

1981年5月1日，警方接到報案，一個名叫希瑟・斯卡格斯（Heather Scaggs）的20歲女子失蹤了。警方從希瑟的

家人那裡了解到，希瑟是在去一個名叫大衛・卡彭特（David Joseph Carpenter）的男人家的路上失蹤的。警方立刻去了卡彭特家裡察看情況。

當警方看到卡彭特的樣子後，驚奇地發現他與殺死艾倫的凶手長得十分相似，而且他家的後院裡還停著一輛紅色的汽車。於是他就成了重要嫌疑對象，警方專門派了一隊警察監視著卡彭特的一舉一動。

雖然卡彭特告訴警方，他也不知道希瑟去了哪裡，但警方認定希瑟一定被卡彭特殺死了。警方的猜測沒有錯，有人在公園裡發現了希瑟的屍體，這意味著卡彭特極有可能就是警方尋找已久的小徑殺手，於是警方逮捕了卡彭特。

卡彭特被捕後不久，就有個人來到警察局報案，說卡彭特曾賣給過他一把手槍。警方將此人上繳的手槍送去進行彈道測試，測試結果顯示這把手槍就是殺死希瑟的凶器。此外，卡彭特的一個朋友向警方承認，曾賣過一把手槍給卡彭特，只是這把手槍已經被卡彭特扔了，無法進行彈道測試。

在證據面前，卡彭特很快就交代了所有的罪行。最終卡彭特因殺人罪被判處死刑，之後他一直在死囚牢房裡等待死刑的執行。

1930年5月6日，卡彭特出生於舊金山。與許多連環殺手一樣，卡彭特的父母很糟糕，他的父親是個酒鬼，還有暴力

的傾向，卡彭特小時候沒少挨打；他的母親則是一個喋喋不休的女人，總是抱怨生活的不如意，而且在管教卡彭特時十分嚴格。卡彭特從小就有尿床的毛病，經常因此而遭受懲罰。

卡彭特也沒有什麼朋友，他有十分嚴重的口吃，經常遭受同伴們的羞辱和嘲笑。

卡彭特很小的時候就表現出了嚴重的暴力傾向，他總是以虐待小動物為樂，死在他手上的流浪狗、流浪貓有上百隻，他總會將小動物的屍體藏在自家的地下室裡，地下室裡總是散發著屍體腐爛的臭味。

進入青春期後，卡彭特開始表現出極其強烈的性慾，總會騷擾學校裡的女學生和女老師，只要一看到女人，他就會產生強烈的想要強姦對方的衝動。學校裡的女學生和女老師看到卡彭特都會繞著走，尤其不敢在偏僻的地方出現，不然遇到卡彭特，就會有被強姦的危險。

17歲時，卡彭特再也控制不住自己強烈的性慾，他因猥褻兩個表姐而被逮捕，並被判了4個月的監禁。

1955年，卡彭特結婚了，妻子替他生下了一個孩子。此時的卡彭特由受害者變成了施暴者，他像自己的父親一樣，對待孩子的態度十分糟糕，還會經常毆打孩子。後來，卡彭特的暴力傾向變得越來越嚴重，他開始毆打妻子，妻子難以忍受家暴，就在1959年與卡彭特離婚了。

1960 年，卡彭特在用錘子和尖刀襲擊一個女人的時候，正好被一個路過的警察看到，於是他又被逮捕了。這一次，卡彭特被判了 14 年。不過卡彭特並未服滿刑期，就被保釋出獄了。

　　1970 年，卡彭特已經被保釋出獄 3 年了，他綁走了一名女子。與普通綁架者不同，卡彭特根本不想索要贖金，只是想讓該女子變成他的專屬性奴。該女子失蹤後，她的家人就報了警，警方一直在搜尋她的下落，但卻沒有找到她。後來還是女子趁著卡彭特外出的時候跑了出來，被好心人救下。卡彭特因此被判了 10 年。1977 年，卡彭特再次被保釋出獄。

　　出獄後的卡彭特與以前一樣，有著十分強烈的性慾和暴力傾向，兩年後卡彭特開始殺人。在之後的兩年內，卡彭特用處決的方式殺死了許多人，他的殺人手法十分冷血無情，一度讓警方懷疑他就是臭名昭彰的「黃道十二宮殺手」。

用處決的方式殺人——大衛‧卡彭特

【敵意歸因偏誤】

　　卡彭特的童年可以說過得相當糟糕和壓抑，在家裡他沒有得到應有的關愛，父親還總是對他拳腳相加，在外面他也沒有朋友，總會因口吃被同齡人奚落和排擠。漸漸地，卡彭特變成了一個有著高度攻擊性和嚴重暴力傾向的人，這讓他具有敵意歸因偏誤（hostile attribution bias）。

　　敵意歸因偏誤是一種認知缺陷。在人與人的相處中，一個人會接收到對方所傳達出的訊號，從而決定著他會採取何種態度做出反應。當一個人接收到了對方友好的訊號時，他也會報以友好的態度。當一個人感覺到敵意或威脅性的訊號時，他就會變得極富攻擊性，隨時準備以暴力的方式回應。每個人都會在社會化的過程中學著如何正確解讀對方所傳達出來的訊號。但如果一個人在成長過程中沒有經歷正常的社會化，例如被父母虐待、被同伴排擠，那麼他的解讀方式就是歪曲的。

　　每個人對敵意的歸因是不同的，例如一個人說了一句話，有些人會覺得那只是開玩笑，有些人卻會覺得他在針對

自己，在羞辱自己。像卡彭特這樣具有敵意歸因偏誤的人，總會戴著有色眼鏡看待周遭的人和事，因為他從小就是被父親暴力對待的，因此他會覺得周圍的人都是有惡意的。

研究顯示，敵意歸因偏誤會在學前階段形成，形成以後會相對穩定，從而持續到成年時期。由此可見，家庭成長環境是多麼重要。

但卡彭特的家庭環境卻相當糟糕，最關鍵的是，卡彭特還總是被同齡人所排斥。研究顯示，同伴的拒絕和排斥會使一個人的敵意歸因偏誤更加穩定，也就是說一個被同伴拒絕的人會變得更具攻擊性，當他進入青春期後會出現許多具有暴力傾向的行為，甚至會出現違法犯罪行為。當一個人具有敵意歸因偏誤時，他就會對具有敵意的資訊更加敏感，更容易覺得對方是懷有惡意的，從而會變得更加多疑，更容易對他人進行身體攻擊。

用處決的方式殺人—大衛・卡彭特

陽光男孩喜歡在黑夜殺人
——理察・拉米雷斯

陽光男孩喜歡在黑夜殺人—理察・拉米雷斯

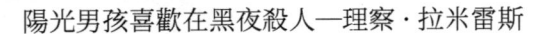

1985年8月30日,洛杉磯的巡警在街道上巡邏時發現了一起群毆事件。當時一群人正在毆打一個男人,巡警立刻上前阻攔,那名被毆打的男子躺在地上,已經處於半昏迷的狀態。他看到巡警後,一邊請求幫助,一邊承認自己正是被警方通緝的連環殺手理察・拉米雷斯(Richard Ramirez)。

從1984年6月起,洛杉磯就相繼出現了一系列謀殺案,被害人有男有女,有幼童也有老人。有些被害人被凶手一槍斃命,有些被害人被凶手活活砍死。這一系列謀殺案在洛杉磯引起了巨大的恐慌,人們都很擔心自己會成為凶手屠刀下的下一個亡魂。警方為了盡快將凶手抓捕歸案,就耗費巨資研究出了一個電腦輔助辨識系統。警方將案發現場採集到的指紋和以往的犯罪紀錄輸入了這個電腦系統後,找到了一個嫌疑人,他就是拉米雷斯,也就是在8月30日差點被一群人毆打致死的男子。

一個名叫皮諾(Faustino Pinon)的56歲男子告訴警方,當時他正在車下修理自己的汽車,當他聽到汽車被發動後立刻從底盤下竄了出來。他看到駕駛座上坐著一個男子,那個男子就是拉米雷斯,他立刻用手掐住了拉米雷斯的脖子。然後皮諾就聽到拉米雷斯說他有槍,但皮諾根本不在乎,他直接回了一句:「沒人能拿走我的車!」當皮諾發現拉米雷斯想要開車逃走時,就死死抓住拉米雷斯。拉米雷斯駕駛的汽車

由於皮諾的原因一直無法平穩行駛，先是撞倒了一片籬笆，後又駛進了車庫裡。當車停下來後，皮諾立刻開啟車門，將拉米雷斯從車裡拖了出來，並一路拖到大街上。

拉米雷斯當時的目的是想盜取皮諾的汽車。在犯下連環殺人案前，拉米雷斯是個盜竊慣犯。失敗的拉米雷斯從地上爬起來，然後立刻逃離了皮諾所居住的街區，他來到了另一個街區，想搶劫一輛汽車。這時，他看到了一個女人正坐在車裡。這個女人是個美籍西班牙人，28歲，名叫安潔莉娜‧德拉托雷（Angelina De La Torre）。拉米雷斯走到車窗前，命令安潔莉娜將車鑰匙交出來，不然就殺了她。安潔莉娜被嚇了一跳，立刻尖叫起來。

安潔莉娜的家就在附近，而她的丈夫曼努埃爾（Manuel De La Torre）在聽到她的尖叫聲後，立刻拿著一根鐵棍從後院衝了出來，直接朝著拉米雷斯的後背敲了一棍。拉米雷斯吃驚地看了看這個打他的男人後，立刻驚慌地逃走了。

曼努埃爾沒有打算放過拉米雷斯，一邊在後面追趕拉米雷斯，一邊喊人幫忙。鄰居們聽到曼努埃爾的喊聲後立刻跑出來，一同追趕拉米雷斯。當拉米雷斯跑不動後，就和一群人打了起來。顯然，拉米雷斯不可能是這群男人的對手，於是就只能挨打，所幸巡警及時趕到了，拉米雷斯立刻緊緊地抓住了巡警這根救命稻草。

陽光男孩喜歡在黑夜殺人—理察・拉米雷斯

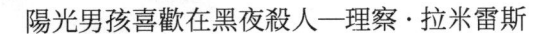

拉米雷斯第一次殺人發生在 1984 年 6 月 28 日的深夜，當時他潛入了一名住戶的家中，他的目的是盜取金錢或值錢物品，但他在屋子裡翻找了許久都沒什麼收穫。一怒之下，拉米雷斯就拿著刀刺向了正在睡覺的 79 歲的珍妮（Jennie Vincow）。他一連刺下了許多刀，然後割開了珍妮的喉嚨。最後，拉米雷斯強姦了珍妮的屍體。

在拉米雷斯被捕的兩年後，警方將他的 DNA 與一起女童遇害案中所掌握的 DNA 證據進行比對，發現拉米雷斯涉嫌參與殺害了 9 歲的梁美珊（Mei Leung）。1984 年 4 月 10 日，梁美珊在舊金山田德隆區的一個家庭旅社地下室被殺害。當時拉米雷斯正好在附近旅館居住，梁美珊極有可能是拉米雷斯殺害的第一名被害人。

從珍妮遇害以後，拉米雷斯就喜歡上了黑夜殺人所帶來的刺激感，他在選擇目標的時候沒有什麼標準，只要是個人就可以。在殺人方式的選擇上，拉米雷斯嘗試了許多種作案工具，例如刀、手槍、木棍，甚至會用雙手將被害人掐死。拉米雷斯只會在黑夜瘋狂地殺人，到了白天他就會變成鄰居們眼中的陽光男孩，主動為他們提供幫助。

1985 年 3 月 17 日，拉米雷斯在洛杉磯西北部的一處住宅區隨意挑選了一戶潛入，他在廚房將人殺死後，將屍體倒立在一個洗手盆裡，離開前他還順手拿走了一頂海軍帽戴在

自己頭上。拉米雷斯在車庫遇到了一個年輕女子，於是立刻掏出手槍指著女子的額頭，並用一種十分冰冷的目光看著女子。女子害怕極了，不斷哀求拉米雷斯饒過她。當拉米雷斯發現女子想要逃走時，立刻開了槍，但子彈被鑰匙彈開了，女子隨著槍響倒在地上裝死，直到拉米雷斯離開。

　　這個女子名叫瑪莉亞・埃爾南德斯（Maria Hernandez），在晚上11點左右下班回家。當她將車開進車庫停好後，就遇到了穿著黑袍、戴著藍色海軍帽的拉米雷斯。當她發現拉米雷斯離開後，立刻以最快的速度逃回了家。就在瑪莉亞認為自己已經安全的時候，突然發現地上有血跡，她跟隨血跡來到了廚房，眼前的一幕讓瑪莉亞差點嚇死。廚房裡到處都是血，室友黛爾（Dayle Yoshie Okazaki）的屍體正倒立在洗手臺，洗手臺淌滿了鮮血。

　　等瑪莉亞的情緒稍微平復後，立刻撥打了報警電話。瑪莉亞將自己差點被一名男子開槍打死的遭遇告訴了警察，並提及凶手長得高高瘦瘦，穿著黑色的外袍，頭上戴的那頂藍色海軍帽是她送給黛爾的生日禮物。

　　拉米雷斯在離開瑪莉亞所居住的街區後，在蒙特利公園附近的一條街上看到一輛車，車裡只坐著一個女人，於是拉米雷斯將女子拖出車並朝她開了數槍。這名女子是位華人，名叫余彩蓮（Tsai-Lian "Veronica" Yu），30歲。余彩蓮雖然被

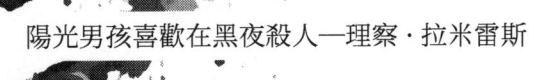

陽光男孩喜歡在黑夜殺人──理察・拉米雷斯

及時送到醫院搶救,但因搶救無效死亡。

10天後,當地又發生了一起凶殺案,札札拉夫婦在自己家中被人槍殺。警方趕到案發現場後,看到了十分血腥的一幕:64歲的男主人文森(Vincent Charles Zazzara)的屍體倒在沙發上,頭部中彈而亡;44歲的女主人梅可馨(Maxine Levenia Zazzara)的屍體在二樓的臥室,臥室裡到處都是女主人的血跡,她的腹部有多處槍傷。對於目睹案發現場的警察們來說,這一幕讓他們畢生難忘,有些人甚至不得不接受心理治療。

在接下來的3個月內,拉米雷斯在洛杉磯頻繁作案,他所選擇的作案時間都是深夜。有時他會直接給被害人一槍,有時他會用錘子砸死被害人,有時他會挖出被害人的眼睛,有時他會強姦並肢解被害人的屍體。拉米雷斯十分崇拜魔鬼撒旦,他在殺人後,通常會在被害人的家裡播放自己喜愛的樂隊唱片,然後一邊吃東西一邊在牆壁上畫下有撒旦象徵意義的倒置五角星。據一名倖存者回憶,當她遭受拉米雷斯強姦時,拉米雷斯會強迫她說「我愛撒旦」。

拉米雷斯被捕後,按照程序應該接受審判,但拉米雷斯的案件卻拖了4年才作出了最終的死刑判決。按照美國的法律,為了判決的公正,參與審判的法官不得帶有個人情緒,但當時拉米雷斯所犯案件的影響實在太大了,再加上拉米雷斯的被捕地點並非犯罪現場,所以他的案件一直在往後拖。

1989 年 9 月 20 日，在最後一次庭審中，拉米雷斯表現得十分張狂，他一邊晃著椅子一邊對著被害人家屬冷笑，還主動向媒體展示自己畫在手掌心的倒置五角星圖形。當他得知自己被判處死刑時，表現得非常猖狂：「我超越了你們的認知，我的行為已經超越神聖和邪惡的範疇，我不相信這個偽善、說教的公民社會，你們全是偽君子！死亡對我來說根本不算什麼，別想用死刑嚇唬我，反正誰都會死，我們在迪士尼樂園見。」

最終拉米雷斯被送往聖昆汀監獄等待死刑，這座監獄還被稱為「活死人監獄」，有大量的死刑犯在這裡等待死亡，有許多死刑犯根本等不到死刑就病死了。

拉米雷斯雖然是個邪惡的連環殺手，卻擁有一大批女粉絲。她們眼中的拉米雷斯是個帥氣逼人的男人，而且她們還堅信他是無辜的。在 1987 年的一次聽證會期間，大量的女粉絲聚集在場外聲援拉米雷斯。

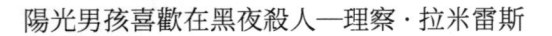

陽光男孩喜歡在黑夜殺人—理察・拉米雷斯

在拉米雷斯被宣布判處死刑時，一個名叫辛迪・黑登的女陪審員站出來為拉米雷斯說話。辛迪也是拉米雷斯的瘋狂粉絲之一，在庭審過程中，辛迪一直含情脈脈地看著拉米雷斯，當拉米雷斯注意到辛迪的目光後，兩人開始偷偷眉目傳情。之後，辛迪為了表達自己對拉米雷斯的愛意，開始頻繁送禮物給他，還在情人節那天特意做了一個蛋糕，上面寫著「我愛你」。

在聖昆汀監獄裡，拉米雷斯的日子過得十分瘋狂，每天都有大量的女粉絲等待他的接見。拉米雷斯也十分擅長在女人們之間周旋，他會刻意在她們之間進行挑撥和教唆，然後看著她們為了自己相互吃醋和仇視。

1996 年，拉米雷斯和一個名叫德琳・里奧伊（Doreen Lioy）的女粉絲在獄中結婚。德琳在採訪中表示，自從她看到拉米雷斯的照片後就深深地迷上了他的眼睛，之後就不斷寄情書給拉米雷斯，並透過書信告訴拉米雷斯她還是個處女，其實德琳還是個智商很高並且擁有雙學士學位的女性。

這時，美國人權組織和婦女保護機構站出來呼籲，無限期延後對拉米雷斯的死刑執行，不能讓德琳成為寡婦。於是拉米雷斯的死刑便一直拖延下去，直到 2013 年 6 月 7 日早上，拉米雷斯因肝功能衰竭在獄中去世。

1960 年 2 月 27 日，拉米雷斯出生於美國德克薩斯州，

是家中6個孩子中最小的一個,他的父母是墨西哥移民。在拉米雷斯出生之前,他的母親身體非常虛弱,她的身體根本不適合孕育生命,不少人都勸她放棄這個孩子,更何況之前她還生下了兩個有缺陷的孩子。而且拉米雷斯的母親在一家化學工廠工作了很長時間,即使懷孕期間也從未中斷過上班。有專家認為,拉米雷斯的基因在核輻射和化學毒素的影響下變得具有暴力傾向。

拉米雷斯的父親曾是墨西哥警察,他的父親脾氣非常火爆,動輒就會打罵家裡的孩子,但拉米雷斯很少挨打,因為他是父親心中的乖孩子,不像其他兒子那麼淘氣。拉米雷斯的母親是個十分虔誠的天主教徒,每天按時禱告,按時去教堂。

作為一名拉丁裔美國人,拉米雷斯經常受到歧視。在當時的美國社會,種族歧視是一種十分嚴重的現象,像拉丁裔和黑人都是弱勢族群。在這種不公平環境下長大的拉米雷斯一直對社會存在一種牴觸和仇恨心理,並導致他開始崇拜惡魔撒旦。

年少時的拉米雷斯是個靦腆的男孩,待人非常和善,在學校裡很受女孩子歡迎。曾和拉米雷斯交往過的女孩在採訪時表示,拉米雷斯是個非常溫柔的情人,沒有什麼攻擊性。

七八歲時,拉米雷斯曾親眼看到自己的哥哥被鄰居猥

陽光男孩喜歡在黑夜殺人—理察・拉米雷斯

褻。但拉米雷斯是否遭受了猥褻或性侵，他和他的哥哥都不記得了。從五年級開始，拉米雷斯的癲癇頻頻發作，從那以後他的性格就開始變得不同了。

12歲時，拉米雷斯開始和表哥麥克（Miguel Angel "Mike" Valles）密切來往。麥克是個退伍軍人，曾參加過越南戰爭，在回到美國後就開始吸毒，還教唆拉米雷斯和他一起吸毒，很快拉米雷斯也染上了毒癮。麥克總會給拉米雷斯講一些自己在戰場上的遭遇，還會時不時地給拉米雷斯看一些他在越南拍攝的色情照片。不論是毒品、殘酷的戰爭場面，還是色情照片，都給拉米雷斯帶來了不一樣的刺激體驗，他很享受這種感覺，於是經常去找麥克，總和麥克待在一起。

有一次，拉米雷斯又去找麥克，麥克便拉著他一起吸毒。就在兩人享受毒品所帶來的快感時，麥克的妻子正好回來了，當她看到丈夫又在吸毒，就開始抱怨。麥克被妻子的抱怨激怒了，直接拿槍朝妻子開了一槍，妻子當場死亡。殺死妻子後，麥克才想到家裡還有一個人，他要求拉米雷斯對這件事情保密。這幕場景在拉米雷斯的腦海裡留下了十分深刻的印象，他第一次看到一個人將另一個活生生的人殺死，鮮血濺得到處都是。

後來，麥克因殺人罪被警方逮捕。作為重要證人的拉米雷斯對此事選擇了沉默，並不是因為恐懼，而是他答應麥克

要保密。最終麥克因精神狀態錯亂被判無罪。

在拉米雷斯的回憶中,當麥克被捕後他與母親一起去麥克家裡收拾東西,重返案發現場的他不僅沒有恐懼,反而覺得很興奮,甚至還能嗅到空氣中散發著的血腥味。

13歲時,拉米雷斯搬去和一個哥哥居住。如果說表哥將拉米雷斯引入歧途,那麼這個哥哥則帶著拉米雷斯在歧途上越走越遠。拉米雷斯開始嘗試大麻以外的毒品,例如搖頭丸、迷幻蘑菇、天使粉,這些毒品與大麻這種成癮性較低的毒品不同,成癮性很高,雖然能帶給吸毒者極強的快感,但難以戒斷,而且會使吸毒者進而尋求更大的快感,例如吸食更難戒斷的毒品,或者加大毒品的劑量,或者從吸食改成注射。後來,拉米雷斯開始吸食古柯鹼,並開始用注射的方式嘗試毒品。拉米雷斯從十來歲左右就開始吸食毒品,而且吸食時間長,毒品對他大腦的發育造成了十分嚴重的破壞作用。

拉米雷斯還從哥哥那裡學會了偷竊,他屢次因偷竊被警方逮捕。在家鄉埃爾帕索,拉米雷斯屢次因搶劫、偷竊和吸毒被警方逮捕,是警察局的常客,後來他為了更順利地偷竊去了洛杉磯。

18歲時,拉米雷斯接觸到了一本和魔鬼撒旦有關的書——安東‧拉維(Anton Szandor LaVey)的《撒旦聖經》(*The Satanic Bible*)。閱讀完這本書後,拉米雷斯就開始崇

陽光男孩喜歡在黑夜殺人—理察・拉米雷斯

拜撒旦。在美國社會，撒旦雖然是一種宗教形象，卻是惡魔的象徵，被主流文化和信仰所厭棄。但有些叛逆的青少年會故意違背主流社會，從而出現崇拜撒旦的現象，但這種現象會隨著年齡的增長漸漸消失。拉米雷斯不僅沒有放棄撒旦這個偶像，反而專程去舊金山參加一項儀式，正式成為撒旦的門徒。據拉米雷斯回憶，在舉行儀式的時候，他甚至感覺到了來自撒旦的觸控。

除此之外，拉米雷斯還很喜歡看恐怖血腥的電影和聽重金屬音樂，後來他迷上了地下天鵝絨樂隊的歌曲，在一次作案時，他還專門穿上了該樂隊的衣服。

從1978年起，拉米雷斯就切斷了與家人的聯絡，家人也找不到他的蹤跡。1983年，拉米雷斯的姐姐在洛杉磯汽車站附近的廉價旅館裡找到了他，當時拉米雷斯正在替自己注射古柯鹼。拉米雷斯的姐姐勸他回家，說家人可以為他提供幫助，姐姐還勸他信仰天主教。但拉米雷斯拒絕了，他對姐姐說只有撒旦能保佑他。

【邦妮和克萊德症】

在拉米雷斯被捕後,出現了一種很奇怪的現象。像拉米雷斯這樣的連環殺手本應該受到人們的唾棄,但他卻擁有了一大批瘋狂的女粉絲,例如陪審員辛迪和智商很高的德琳。其實拉米雷斯不是唯一和女粉絲結婚的連環殺手,泰德·邦迪(Ted Bundy)在被捕後,就受到了許多女粉絲的追捧,她們為了表示對邦迪的支持,特地在庭審時留起了中分髮型,與被邦迪害死的女子髮型一樣。後來邦迪和一名女粉絲卡蘿兒·安·布恩(Carole Ann Boone)在監獄裡舉行了婚禮,而邦迪在被處死前,卡蘿兒還懷上了他的孩子。

那麼為什麼會出現這種女性愛上連環殺手的奇怪現象呢?女性愛上連環殺手的心理被稱為邦妮和克萊德症(Bonnie and Clyde syndrome),也就是說這些女性與連環殺手之間的戀情在某種程度上滿足了她們的心理需求。邦妮和克萊德症可分為主動型和被動型兩類。

被動型又被稱為救世主情節。被動型的女子占總人口的15%,她們的性格往往高度敏感,特別容易投入感情,會將

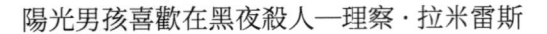

自己幻想成救世主,輕易地對罪犯產生特別的同情心,想要和罪犯建立一種可以預測的關係,例如結婚,之後會想憑藉自身力量來拯救罪犯。

心理學家和研究人員表示,被動型女性常有遭受虐待或尊嚴受到侵害的經歷,這種經歷會導致她們容易愛上有暴力罪行的犯人。因為與關在監獄裡的犯人建立戀愛關係,會帶給她們一種安全感,她的男朋友或丈夫被關在監獄裡,不可能毆打她或虐待她。

主動型的女性和被動型的正好相反,她們會像邦妮一樣,希望有一個像克萊德一樣的伴侶,兩人一起去犯罪,透過犯罪來證明自己對伴侶的忠誠度。通常情況下,主動型的女性會容易接受暴力,和尚未被捕的罪犯一起去犯罪,例如協助伴侶尋找目標、拋屍等。在主動型的女性看來,能與一名男子一起去犯罪,就好像兩人共同與全世界為敵,過程雖然很危險,但能帶給她莫名的刺激和快感。

不論是被動型還是主動型的女性,都會因邦妮和克萊德症的影響陷入惡性戀愛關係中,或者飽受虐待。在拉米雷斯與德琳結婚後,人權組織與婦女保護機構為了德琳到處呼籲延後拉米雷斯的死刑,從而避免德琳成為寡婦。但從德琳的角度看,她越早成為寡婦,就能越早從與拉米雷斯的這段惡性婚姻關係中擺脫出來。

堅稱自己無辜的罪犯
──蓋瑞·麥可·海德尼克

堅稱自己無辜的罪犯——蓋瑞·麥可·海德尼克

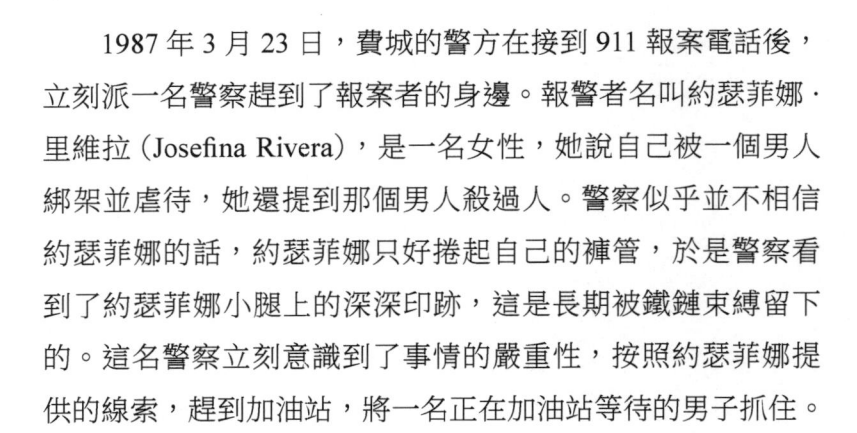

1987 年 3 月 23 日，費城的警方在接到 911 報案電話後，立刻派一名警察趕到了報案者的身邊。報警者名叫約瑟菲娜·里維拉（Josefina Rivera），是一名女性，她說自己被一個男人綁架並虐待，她還提到那個男人殺過人。警察似乎並不相信約瑟菲娜的話，約瑟菲娜只好捲起自己的褲管，於是警察看到了約瑟菲娜小腿上的深深印跡，這是長期被鐵鏈束縛留下的。這名警察立刻意識到了事情的嚴重性，按照約瑟菲娜提供的線索，趕到加油站，將一名正在加油站等待的男子抓住。

該男子名叫蓋瑞·麥可·海德尼克（Gary Michael Heidnik）。不久之後，海德尼克的同夥西里爾·托尼·布朗（Cyril Brown）也被警方抓捕。警方在搜查海德尼克的住所時，發現了大量的證據，還解救了 3 名尚且活著的女人。

從 1986 年 11 月開始，海德尼克就與西里爾一起誘騙女人到費城的住所中，他們將被害人綁起來，並塞到地下室內。這些女子隨後被海德尼克用鐵鏈鎖起來，反覆進行性侵、虐待與拷打。有些被害人因為被拷打、虐待、餓肚子、缺水以及病發得不到治療，而死在了地下室內。

根據調查，至少有 6 名女性被海德尼克和西里爾綁架。不過比較奇怪的是，海德尼克綁走的女性都是黑人。海德尼克和西里爾會開著豪車，隨機選擇被害人。他們會將被害人誘騙到車上，然後將她們帶到住所。這種誘騙方式雖然不高明，卻總有女性上當。

第一個因虐待而死的被害人名叫珊卓·琳賽（Sandra Lindsay），24 歲。珊卓因吃飯太慢惹惱了海德尼克，於是海德尼克就將她的手臂綁在一根管子上，珊卓不得不站著，站了 3 天後，珊卓再也忍受不了，死去了。

當海德尼克發現珊卓死了後，就將她的屍體肢解了。在肢解珊卓的手臂和腿的時候，海德尼克發現骨頭很硬，他費了很大力氣也無法將骨頭切斷，於是就用塑膠袋包裹起來扔到了冰箱裡。後來警方在搜查的時候，發現了這個包裹，上面寫著「狗糧」，當警方開啟後，才發現那是人類的殘肢。

當時有鄰居報警說，聞到了一股很奇怪的臭味。這股臭味其實是海德尼克在用鍋煮珊卓的頭部和肋骨時散發出來

堅稱自己無辜的罪犯——蓋瑞・麥可・海德尼克

的。警察上門察看時，海德尼克對警察說，自己正在做飯，因睡覺忘記關火將飯燒煳了。警察相信了海德尼克的說辭，就離開了。如果當時警察能進屋察看一下，就一定能發現鍋裡的人頭。

第二名被害人是黛博拉・達德利（Deborah Dudley），23歲。她可能是死於海德尼克的反覆電擊，也可能死於溺水。黛博拉的死與報案者約瑟菲娜有著十分密切的關係。

海德尼克每次誘騙來新的被害人，都會當著其他被害人的面虐待新來的被害人。他還鼓勵被害人相互告密，看看誰不聽話。為了獎勵告密者，告密者的日子會好過一些。在地下室裡，有一個小洞，正好可以塞進一個人，這是海德尼克專門為被害人準備的懲罰，凡是不聽話的被害人都會被塞進這個小洞。

在黛博拉死的當天，海德尼克剛剛綁架了一名女子——艾格妮絲・亞當斯（Agnes Adams），約瑟菲娜發現海德尼克的心情不錯，就請求他放自己回家看看，並且保證她一定會回來。海德尼克同意了，但前提是約瑟菲娜必須得和他一起折磨黛博拉。

海德尼克將黛博拉塞進了那個洞中，然後命令約瑟菲娜往裡面灌水。隨後，海德尼克開始電擊黛博拉，他直接用電線觸碰黛博拉的鐐銬。最終黛博拉在遭受了多次電擊後死亡。

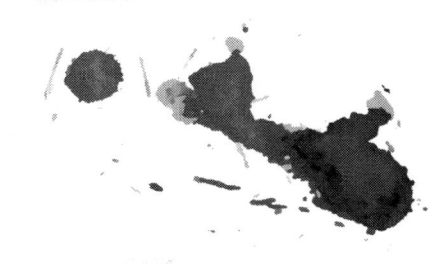

黛博拉死亡的原因，可能是電擊造成的休克，也可能是口鼻沒入水中造成的窒息。不論是哪種死因，海德尼克都認為黛博拉是他與約瑟菲娜一同害死的。之後，海德尼克在一張紙上寫下了一句話：「海德尼克和約瑟菲娜一起電死了黛博拉·達德利。」然後簽上了自己的名字，並讓約瑟菲娜也簽名。這樣，海德尼克就可以放心地帶著約瑟菲娜出門，他認為作為從犯的約瑟菲娜一定不敢報警。

海德尼克將約瑟菲娜放了出來，並開著車將她帶到一處加油站，將車停好後，海德尼克讓約瑟菲娜下車回家探望，他說自己在這裡等約瑟菲娜回來。約瑟菲娜一獲得自由，就飛快地跑到另一個街區撥打了報警電話。

警方考慮到，約瑟菲娜雖然參與了虐殺黛博拉，但她的行為完全是被迫的，同時她也不是造成黛博拉死亡的直接原因，就沒有起訴約瑟菲娜。

在審訊過程中，當被警方質問為什麼住所的地下室裡會有受害女子時，海德尼克辯解道，他搬到那棟房子之前，那些女子就已經在地下室了，他也不知道她們是從哪兒來的。警方當然不會相信海德尼克的鬼話。

作為海德尼克同夥的西里爾，決定指證海德尼克的犯罪行為，這是他與檢方達成的認罪協定，從而換取從輕處罰。

1988年7月1日，法庭針對海德尼克的犯罪行為作出

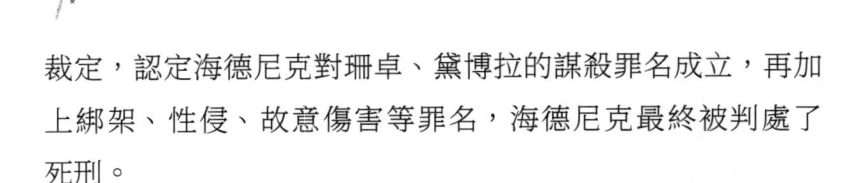

堅稱自己無辜的罪犯──蓋瑞・麥可・海德尼克

裁定,認定海德尼克對珊卓、黛博拉的謀殺罪名成立,再加上綁架、性侵、故意傷害等罪名,海德尼克最終被判處了死刑。

後來,海德尼克的女兒提起上訴,希望能以精神疾病為由赦免海德尼克的死刑,最終被法庭駁回。

海德尼克雖然放棄了上訴的努力,卻堅稱自己是無辜的,他願意接受死刑,並認為處死一個無辜的人,會促使死刑的廢除。

1999年7月6日,這天是海德尼克的行刑日期,他被安排在費城的州立監獄裡接受注射死刑。被警方解救的4名被害人,在一個單獨的房間裡觀看整個死刑過程,那個折磨她們的惡魔終於死了。海德尼克雖然死了,但他的屍體處理卻成了一個難題,他的家屬沒人願意出面收屍,最後還是監獄方出面將其埋葬。

1943年,海德尼克出生於俄亥俄州的克里夫蘭。海德尼克從小就是個很內向、羞怯的男孩,他不喜歡和別人交流,可以說是個非常孤僻的人。成年後,海德尼克參軍入伍,成了一名醫護兵。後來,海德尼克因精神問題被迫退伍。

1976年,海德尼克因持槍傷人被警方逮捕。兩年後,海德尼克再次被捕,他囚禁並性侵了一名智能障礙者,受害者名叫艾伯塔・戴維森（Alberta Davidson）,在精神病院裡接

受治療。海德尼克與艾伯塔的姐姐珍妮特（Anjeanette Davidson）是男女朋友關係，於是就將艾伯塔從精神病院接了出來，他將艾伯塔關在了自己住所的地下室內。

後來，艾伯塔被警方解救出來。在醫院裡，艾伯塔接受了一系列的身體檢查，檢查結果顯示，她遭受了性侵，並感染了淋病。

海德尼克並未因此被送進監獄，因為他被鑑定為精神病，得到精神病院接受治療。在 1980 年，海德尼克不再說話了，一直沉默了兩年多。在此之前，海德尼克曾遞給看守一張紙條，上面寫著他被魔鬼塞進了一塊餅，正好堵在他的喉嚨裡，他說不出話了。1983 年，海德尼克的精神鑑定結果顯示為「正常」，獲得了釋放。

從精神病院裡出來後不久，海德尼克就再次被捕，這次他的罪名是婚內強姦、毆打他人。不過由於他的妻子並未堅持起訴，海德尼克很快就獲得了釋放。之後海德尼克的妻子堅持與他離婚。從那以後，海德尼克就開始肆無忌憚地綁架、虐待女性。

堅稱自己無辜的罪犯——蓋瑞·麥可·海德尼克

【保持對自己的好感】

在海德尼克被判處死刑的時候，他沒有上訴，而是坦然接受了死刑，不過令人感到的奇怪的是，他堅稱自己是無辜的，並為自己接受死刑找了一個冠冕堂皇的理由，即用自己的生命為廢除死刑添一把力。

在正常人看來，海德尼克所犯下的罪行不可饒恕，那麼他為什麼會認定自己是無辜的呢？其實，每個罪犯都會將自己看成一個無辜者，他們對自己保持著令人難以理解的好感。

一般而言，我們會堅信自己比普通人優越，高於中等水準。但問題是，所有人都高於中等水準，這可能嗎？例如畢業生在找工作的時候會在自己的履歷上顯示出自己的畢業排名，而畢業排名通常是排在班級的前 10%。當面試官看到這樣的履歷時，的確會對應試者感興趣，但問題是面試官所看到的履歷都是這樣的，好像每個畢業生的畢業排名都在班級的前 10%。

保持對自己的好感這種心理同樣適用於罪犯，他們不會覺得自己是個十惡不赦的罪犯，他們會將自己排除在壞人之

外。在自己的想像中,他們一直都是無辜者,甚至是個應該受到人們尊重的好人。

即使有罪犯認識到了自己的罪行,他也不會覺得自己是不可饒恕的。他或許會說自己只是犯了一個錯誤,除了這個錯誤外,他在其他方面還是個很不錯的人。

堅稱自己無辜的罪犯──蓋瑞‧麥可‧海德尼克

# DNA 證據在美國的首次使用
—— 蒂莫西·史賓賽

DNA 證據在美國的首次使用—蒂莫西・史賓賽

1987 年的感恩節剛過去不久,阿靈頓的警方就接到了一通報案電話。報案者說,他擔心自己鄰居家出了事,因為他看到鄰居家臥室的窗戶大開著,被呼嘯的寒風吹得亂響,看起來好像就要碎了,當時的天氣十分寒冷,沒有人會在這麼糟糕的天氣裡還開著窗戶。

警方按照報案者所提供的地址來到了一戶人家的門前,警察們發現房門並沒有關閉,而是虛掩著,於是就推開房門走了進去。剛進入房間,警察就看到地上扔著一個女用錢包,這讓警察有了不好的預感,於是就大聲喊道:「有人嗎?有人在家嗎?」沒有一個人回答。

當警方走進了臥室時,看到了一幕恐怖的場景:床上有一具已經嚴重腐爛的女屍,屍體臉部朝下趴在床上,雙手被綁在後背,雙腳也被捆住了。警方立刻意識到這很有可能是一起強姦殺人案,於是趕緊與被害人的丈夫取得了聯絡。

被害人名叫蘇珊・塔克(Susan Tucker),44 歲,是一位編輯,在美國林業服務局工作。據她的丈夫雷奇・塔克(Reg Tucker)說,蘇珊是一個很溫柔的女子,說話時總是輕聲細語的,在雷奇看來溫柔正是妻子身上與眾不同的獨特魅力。

雷奇與蘇珊之間的感情非常好,他們從來沒有吵過架。除了上班,雷奇與蘇珊很喜歡待在家裡,他們會一起去超市買東西,然後一起回家做飯、洗碗。週末的時候,他們還會

一起出去郊遊。有時候，如果雷奇到外地出差，他們每天都會通電話，而且會聊很長時間。在雷奇看來，蘇珊是他最愛的女人，他一直很感謝上帝將蘇珊帶進他的生活。

蘇珊遇害時，雷奇正好在威爾士出差。在威爾士時，雷奇每天早上和晚上都會打電話給蘇珊。就在工作快要結束的時候，雷奇沒有打通蘇珊的電話，這讓雷奇很擔心，他的精神狀態也非常不好，在同事喊他出去玩的時候，雷奇都神情懨懨地拒絕了。雷奇很擔心蘇珊，他一直在想蘇珊為什麼不接電話，他猜想蘇珊很可能是得了重病。

就在雷奇打算買機票回家的時候，他的電話響了，他以為是蘇珊打來的，但沒想到電話那頭是個男人的聲音，對方說他是阿靈頓的警察，他告訴雷奇蘇珊出事了，被人強姦並殺死，警察讓雷奇趕緊回來。這個消息對雷奇來說無異於晴天霹靂，他一下子就愣住了，整個人的靈魂好像被抽走了。等他回過神來後，他對失去此生摯愛這個事實感到悲傷不已，他覺得自己的人生就要崩潰了。

喬·霍格斯（Joe Horgas）警探是阿靈頓警察局凶殺組的負責人，他被任命接手調查蘇珊遇害案。霍格斯在對案發現場進行了一番檢查後，得出一個結論：凶手很狡猾、謹慎，想要將凶手抓住是一件非常困難的事情。

在案發的當天晚上，天氣十分糟糕，一直下著雨，但是

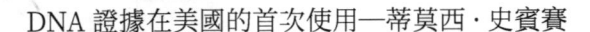

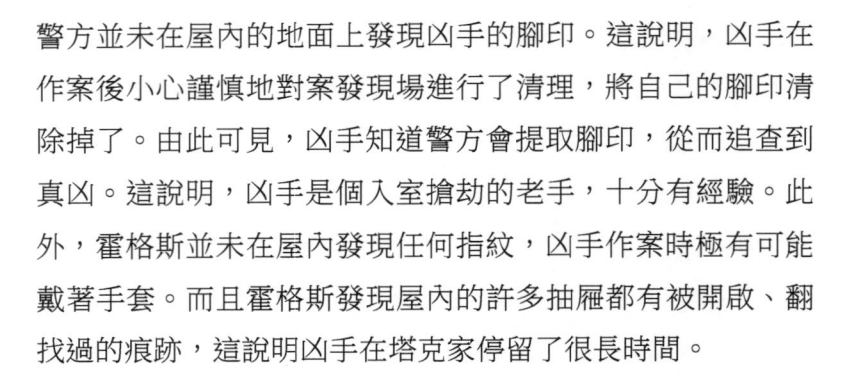

DNA 證據在美國的首次使用—蒂莫西·史賓賽

警方並未在屋內的地面上發現凶手的腳印。這說明，凶手在作案後小心謹慎地對案發現場進行了清理，將自己的腳印清除掉了。由此可見，凶手知道警方會提取腳印，從而追查到真凶。這說明，凶手是個入室搶劫的老手，十分有經驗。此外，霍格斯並未在屋內發現任何指紋，凶手作案時極有可能戴著手套。而且霍格斯發現屋內的許多抽屜都有被開啟、翻找過的痕跡，這說明凶手在塔克家停留了很長時間。

之後，警方開始認真檢查床單、睡衣以及覆蓋在蘇珊屍體上的大睡袋，企圖從上面找到血液或精液的痕跡，並對其進行取樣。後來警方從蘇珊屍體下的褥子、洗手間的馬桶、晾在屋外晒衣繩上的毛巾上，找到了一些毛髮。這些毛髮後經證實既不屬於蘇珊，也不屬於雷奇，極有可能是凶手的。最後警方還採集了地下室被打碎的窗戶玻璃的碎片。

法醫對送來的床單、睡衣和睡袋一一進行了檢測，一共發現了 4 處精液的痕跡，尤其是在睡袋上，有一塊非常大的

精液痕跡。後來法醫從精液中檢測出了血型以及 P-G-M 酶圖譜。當 DNA 被解析出來後，法醫就可以將 DNA 切成碎片，從而產生圖譜。但這並不能成為尋找凶手的線索，因為 13％ 的人都具有這樣的血型和圖譜。

法醫還將案發現場所發現的毛髮放在顯微鏡下進行了分析和檢測。通常情況下，法醫可以根據毛髮的特點判斷出毛髮是來自白種人、黑種人還是黃種人。最後法醫得出了結論，毛髮是陰毛，既不屬於被害人，也不屬於她的丈夫，是一名黑人的。

當霍格斯看到勒死蘇珊的繩子以及繩子結扣的樣子後，忽然覺得很眼熟，似乎在哪裡見過。後來，霍格斯想起來了。3 年前，在距離蘇珊住所 4 個街區外也發生過一起強姦殺人案，被害人是 34 歲的法官卡羅琳·哈姆（Carolyn Hamm）。只是這起命案早就結案了，一個名叫大衛·瓦斯奎茲（David Vasquez）的男人承認自己是凶手，並被判處了 35 年監禁。

卡羅琳遇害案與蘇珊遇害案有許多相似之處，不得不讓霍格斯相信這兩起凶殺案是同一人所為。如果霍格斯的猜想是對的，那麼大衛就不是殺害卡羅琳的凶手，真凶依舊逍遙法外。

在卡羅琳遇害案中，凶手以同樣的方式從地下室的窗戶進入卡羅琳的住所，卡羅琳同樣遭受了強姦，最後被勒死，

DNA 證據在美國的首次使用—蒂莫西·史賓賽

她的雙手和雙腳都被捆綁住，而且繩子都是從軟百葉窗簾上拆下來的，所打的結扣也相似。

當得知在蘇珊家裡所發現的毛髮屬於一個黑人時，霍格斯立刻就想到了在卡羅琳遇害期間，附近發生了多起入室搶劫和強姦案，至今這個強姦犯依舊沒有被抓住。根據被害人的反映，強姦犯是個黑人男性，頭戴面罩，帶著一把刀闖入住宅，然後進行搶劫和強姦。

霍格斯找到了大衛，並與他交談了很長時間。起初，霍格斯以為大衛是幫凶。但隨著交流的深入，他發現大衛只是一個代罪羔羊，大衛對卡羅琳遇害案的細節一無所知，他斷定大衛一定不是殺死卡羅琳的凶手。

此時霍格斯意識到，自己正面臨著一宗十分複雜的案件，他甚至不知道該如何著手調查。就在這時，霍格斯得知100英里[02]以外的維吉尼亞州的里奇蒙警方正在調查一起連環殺人案，凶手的作案手段與蘇珊遇害案十分相似。

第一個被害人是35歲的黛比（Debbie Dudley Davis），她居住在南里奇蒙的一棟公寓裡。後來黛比被人發現死在了自己的公寓裡，她生前曾遭受強姦，最終被勒死。

兩週後，里奇蒙又發生了一起相似的入室強姦殺人案，

---

[02] 1英里約等於1.6公里。

這是第二名被害人。她是一名 15 歲的少女，被家人發現死在了自己的臥室裡，當她被強姦和勒死的時候，她的家人正在熟睡。

不久之後，里奇蒙再次發生了一起相似的入室強姦殺人案。與之前兩名被害人一樣，她被捆綁住雙手和雙腳，遭受了強姦並被勒死。就連結扣的方式都與之前兩名被害人以及蘇珊遇害案一模一樣。

霍格斯得知這 3 起凶殺案的細節後，立刻認定殺死里奇蒙的這 3 名女性的人就是殺死蘇珊和卡羅琳的凶手。但是里奇蒙警方卻並不認同霍格斯的看法，他們認為這 3 起凶殺案就發生在方圓幾英里內，凶手應該是里奇蒙本地人。

儘管霍格斯認為自己的猜測是正確的，但他根本無法向里奇蒙警方提供一個嫌疑人，霍格斯此時也毫無頭緒。為了獲得更多的破案線索，他決定向維吉尼亞州匡堤科市美國聯邦調查局的行為科學部尋求幫助，想要了解凶手的犯罪動機。而里奇蒙的警方也有此意。

FBI 的行為科學部曾調查研究過數百名連環殺手，並總結出了連環殺手在心理上的相似點，在破案時可以推測出凶手的許多重要特性，例如凶手的性格特徵，從而協助警方破案。

經過分析，FBI 的行為科學部得出了一個結論：凶手的年齡在 18～30 歲之間，是個安靜、孤僻的人，他所從事的

DNA 證據在美國的首次使用—蒂莫西·史賓賽

工作很簡單，薪水微薄。此外凶手與母親之間的關係應該很緊張，他的第一次犯罪行為應該是縱火。

凶手在實施自己的第一次犯罪時，會將地點選擇在自己熟悉的地方，例如工作場所或住所附近，因為罪犯的首次犯罪需要在放鬆的心態下進行，而熟悉的地方可以讓他感覺到放鬆。每個人在自己熟悉的地方都會感到放鬆，例如每當回到家裡時，我們就會感到特別的舒適和輕鬆。

凶手所選擇的殺人方式是用繩子勒住被害人的脖子，他很享受被害人因死亡而恐懼不已的樣子。他為了聽到被害人乞求饒命的慘叫，會時不時地將繩索鬆開，對方越是恐懼、痛苦，他就越快樂、興奮。

由於案發現場的床單、睡衣、睡袋上發現了凶手的精液樣本，尤其是覆蓋在蘇珊屍體上的睡袋上面有大片的精液，由此可見凶手一定對著被害人進行了自慰，至於是在被害人活著時還是死後進行自慰，還無從得知。

1986 年，英國首次在刑事案件中將 DNA 作為重要證據，將一名強姦並殺害了兩名 15 歲少女的麵包工人送進了監獄。在 1987 年，美國在刑事案件中對於 DNA 證據的使用還處在萌芽階段，這還是一項新的被應用在刑偵中的技術，但霍格斯決定用 DNA 檢測技術揪出真凶，他將蘇珊的睡衣送到了紐約的生物密碼實驗室，上面有凶手的精液。

雖然霍格斯對DNA檢測技術抱著很大的希望，但檢測人員卻很擔心他送來的精液樣本是否已經降解或汙染。檢測人員最害怕的事情還是發生了，被送來的精液樣本已經被汙染了。為了對精液樣本進行比對，檢測人員只能進行區分，最後他們從精液痕漬中分離出了白血球，並對其進行了化學劑處理，解析出DNA，得到了一束由複雜分子細胞組成的黏稠物。

　　最後，檢測人員會將解析出的DNA製成「照片」。具體過程就是將DNA切成碎片，從而產生圖譜，然後將圖譜放在X線膠片上。想要知道兩個DNA是否屬於同一人，只需要將DNA的「照片」進行比對即可，如果兩個DNA組成相同，那麼就是一個人的DNA。檢測人員將蘇珊遇害案中凶手的DNA與里奇蒙連環命案中凶手的精液DNA進行比對，結果發現兩個DNA的圖譜一模一樣，這驗證了霍格斯的猜測，兩地所發生的凶殺案是同一人所為。如果霍格斯能找到嫌疑人，將嫌疑人的DNA與這兩個DNA樣本進行比對，就可以證明嫌疑人是否是真凶。

　　霍格斯在等待DNA檢測結果的時候，一直根據FBI行為科學部所提供的線索在尋找嫌疑人，他來到了蒙面強姦犯第一次犯下強姦罪的地方，這個地方名叫翠谷。按照FBI所提供的線索，罪犯在第一次犯罪時通常會在自己住所附近下

DNA 證據在美國的首次使用—蒂莫西·史賓賽

手,那麼蒙面強姦犯就一定住在附近。

霍格斯一邊開著車在翠谷行駛,一邊思考著自己過去曾抓過的年輕黑人罪犯,他的腦海中突然閃現出了一個黑人男子的樣子,但他卻怎麼也想不起那個人的名字來。最後霍格斯終於努力回憶起了那個人的名字,他叫蒂莫西。霍格斯記起了蒂莫西的樣子、住所以及他的情況,還有蒂莫西被捕的大概時間,但就是想不起蒂莫西姓什麼。根據霍格斯所提供的線索,警察們開始翻查卷宗,尋找符合特徵的嫌疑人,最終一個名叫蒂莫西·史賓賽(Timothy Wilson Spencer)的黑人男子被警方鎖定了。

卷宗數據上顯示,在 1984 年 1 月 29 日,也就是卡羅琳屍體被發現的第四天,史賓賽因搶劫罪被捕,並被判處了 5 年監禁。史賓賽在警察局留下了大量的案底,他從十幾歲開始就不停地觸犯法律,所犯的罪行大多是搶劫。不過史賓賽的第一次犯罪卻是縱火,當時他將母親的汽車點燃了。

隨著調查的深入,霍格斯發現了一條令他興奮的線索。史賓賽提前釋放後,就住進了里奇蒙的一個小旅館中,這家小旅館距離里奇蒙連環凶殺案的發生地很近。根據小旅館的紀錄,在感恩節期間,史賓賽曾離開過旅館,他說自己要去阿靈頓看望母親,他母親的住所距離蘇珊的家只有不到 1 英里,也就是在那段時間,蘇珊被人殺害。

1988年1月20日，警方拘捕了史賓賽，並開始採集史賓賽的血液和毛髮，還沒收了史賓賽的衣物。警方從史賓賽的衣物上刮取了一些附著物，並將這些附著物放在顯微鏡下進行觀察，結果發現了一些碎玻璃片，警方懷疑這些碎玻璃片就來自蘇珊家中，於是就將碎玻璃片送去進行分析比對。分析比對的結果顯示，史賓賽衣物上附著的碎玻璃片就來自蘇珊家的窗戶。而且，史賓賽的家人無法說出案發時史賓賽到底在哪裡。

　　後來，DNA比對和毛髮比對的結果也出來了。其中毛髮比對結果顯示，蘇珊家發現的7根毛髮與史賓賽的一致。DNA比對結果顯示，史賓賽的DNA圖譜與證據DNA的圖譜一致。

　　1988年7月11日，史賓賽被送上法庭接受審判，他也因此成為美國歷史上第一個因DNA證據被判處死刑的人。陪審團用了不到7個小時，就做出了決定，陪審團一致認定史賓賽犯有強姦殺人罪，應被判處死刑。1989年1月4日，曾經因殺害卡羅琳而獲罪的大衛被無罪釋放，他此時已經在監獄裡待了5年。

DNA 證據在美國的首次使用—蒂莫西・史賓賽

【縱火與連環殺手】

　　與史賓賽一樣，許多連環殺手都有過縱火的經歷，不少連環殺手還會連續縱火，在縱火之後就會出現更為嚴重的暴力行為，例如搶劫、強姦，甚至是殺人。為什麼連環殺手在犯下嚴重的罪行前，都喜歡縱火呢？

　　縱火通常意味著破壞，例如史賓賽縱火燒毀了母親的汽車，但縱火行為背後還有更深層次的心理因素。縱火者可以透過縱火這種方式來操控他人的生命和財產安全，他會感覺這一切都在自己的掌控之中，從而產生興奮感。史賓賽年少時與母親的關係並不好，於是他就透過縱火的方式來破壞母親的財產，從而會覺得自己在與母親的對抗中取得了勝利。

　　對於像史賓賽這樣的連環殺手來說，縱火雖會為他帶來掌控感，但他卻不會僅僅滿足於此，當他不再縱火時，就說明他決定停止縱火犯罪，並且開始實施其他類型的犯罪了，例如搶劫、強姦或殺人，因為他發現了比縱火更有意思、更刺激的事情，不過這些罪行會帶給他人更嚴重的傷害。

以笑臉為簽名的殺手
——吉斯·傑普森

以笑臉為簽名的殺手──吉斯・傑普森

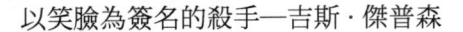

在奧勒岡州的監獄裡，有一個連環殺手很喜歡畫畫，他總是利用空閒時間來畫畫，並將完成的畫作放到網路上兜售，在每一幅畫中都有一個代表性的笑臉，他就是笑臉殺手吉斯・傑普森（Keith Hunter Jesperson）。傑普森喜歡在殺人後，寫信給警方或媒體，信中會提到案件細節，例如屍體的位置或對死者身分的描述。在信件的末尾處，傑普森會畫上一個笑臉，這也因此成為他的標誌，他被媒體稱為「笑臉殺手」。

傑普森殺死的第一個女人名叫唐嘉・班尼特（Taunja Bennett），23歲，有輕微的精神障礙，會輕易相信陌生人，經常在酒吧裡和陌生人搭訕，她也因此認識了傑普森。

1990年1月21日的晚上，傑普森來到了唐嘉經常出入的酒吧，他和唐嘉喝了一會兒酒後，就邀請她去吃晚餐。於是唐嘉與傑普森一起走出了酒吧，路上傑普森以沒帶夠錢為由讓唐嘉與自己一起去自己租住的公寓。

一進門，傑普森就摟住唐嘉開始吻她，唐嘉不僅沒拒絕，反而主動回應，這讓傑普森感到意外和憤怒，他給了唐嘉一耳光。唐嘉立刻反擊給傑普森一拳，傑普森更加惱火，於是兩人扭打在一起。傑普森的塊頭很大，力氣也很大，唐嘉根本不是他的對手，很快傑普森就控制住了唐嘉，並掐住了她的脖子。或許唐嘉感覺到了傑普森的殺意，開始呼救，傑普森根本不理睬她的呼救，直接將她掐死。

這是傑普森第一次殺人，儘管他小時候經常虐殺動物，但殺人還是讓傑普森感到意外，他甚至不敢相信唐嘉真的死了。不過傑普森很快冷靜下來，他開始想辦法處理唐嘉的屍體。

　　傑普森是個卡車司機，經常往返於州際公路。於是傑普森將唐嘉的屍體搬到卡車的後座上，開車來到了城外的哥倫比亞峽谷，他將屍體扔到了一個在他看來十分隱蔽的地方，他覺得這裡人跡罕至，唐嘉的屍體應該不容易被人發現。但傑普森沒想到的是，第二天唐嘉的屍體就被人發現了。

　　在之後的一段時間內，傑普森一直在密切關注著唐嘉遇害案的進展。一次，傑普森在看報紙的時候得知「凶手」竟然已經被抓住了，是39歲的約翰·索斯諾維克（John Sosnovske）和58歲的拉維恩·帕夫利納克（Laverne Pavlinac）。

　　當警方將唐嘉遇害案公開之後，引起了拉維恩的注意，她決定利用該案從男友約翰的家暴中解脫出來，於是她打了通電話給警方，說自己在約翰的強迫下參與殺死了唐嘉。為了驗證拉維恩的說法，警方還特地讓拉維恩帶路指認屍體的發現地，結果拉維恩所指出的地方距離屍體發現地十分接近。此外，拉維恩還提供了許多案件細節，這讓警方更加懷疑她和約翰就是凶手。實際上，這些細節包括屍體發現地都是拉維恩從報紙上了解到的。於是，拉維恩和約翰作為凶手被警方抓了起來。

以笑臉為簽名的殺手—吉斯・傑普森

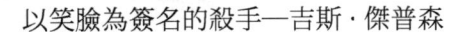

在開庭前,拉維恩突然翻供,她對自己的辯護律師說,唐嘉根本不是她和約翰殺死的,她這麼做只是為了將約翰這個暴力狂送進監獄,藉此擺脫約翰的虐待。但審判已經臨近,無法改變。在拉維恩接受審判的時候,公訴方提供了她的認罪錄音,這是十分關鍵的證據。

最終,約翰被判處終身監禁,由於擔心上訴會被判死刑,約翰放棄了上訴的權利直接認罪。拉維恩則因協助犯罪被判10年監禁,這讓她難以接受。她一直不停地上訴,但沒有成功過,直到傑普森被捕後,拉維恩和約翰才被放了出來。

傑普森得知拉維恩和約翰認罪後,十分生氣,他覺得自己作為真正的凶手應該受到警察和媒體的關注。於是傑普森在一家路邊餐廳的廁所裡留下了一行字,證明自己才是殺死唐嘉的真正凶手,還畫上了一個笑臉。不過這行字並未引起人們的注意。傑普森只能向當地一家報社和警察局各寄了一封信,信中詳細描述了自己殺死唐嘉的整個過程,還提到了一些只有警方和凶手才知道的案件細節,在結尾處傑普森畫上了一個笑臉。

1990年4月12日,傑普森在科寧被警方抓住。警方接到一個名叫簡的女人的報案,她說自己在搭乘順風車的時候差點被司機給殺死。當時傑普森將卡車停在一個購物中心的停車場裡,他想要休息一會兒。這時,一個抱著嬰兒的女人

敲了敲車窗,她說自己叫簡,由於帶著孩子不方便想搭個順風車,傑普森同意了。

當簡上了車後,傑普森卻突然襲擊簡,想要掐住簡的脖子,但並未成功。這讓傑普森沒了殺人的興趣,他將車開回購物中心,將簡和她的孩子丟下就離開了。簡則選擇了報警。

傑普森對警察解釋說,他根本沒想傷害簡,當時車裡空間太過狹小,他為了保護簡才將手放在她的脖子上,後來踩煞車時手不小心用了力,從而讓簡產生了誤會。警察相信了傑普森的說法,在警察看來這並不是一起嚴重的襲擊事件,報案者也沒受傷,於是就放走了傑普森。

一年半後的一天,傑普森搭載了一個名叫克勞蒂婭(Claudia)的女人,他將克勞蒂婭強姦後勒死。後來警方發現了克勞蒂婭的屍體,但一直無法確認克勞蒂婭的身分,這起命案也因此被擱置起來,直到傑普森被捕後,該案才真相大白。

傑普森殺死的第三個女人是辛西婭(Cynthia Lyn Rose)。傑普森在休息站休息的時候遇到了辛西婭,當時辛西婭正在招攬生意,兩人談好價錢後就上了傑普森的卡車。傑普森將辛西婭帶到了一個荒涼的地方,強姦並勒死了她,最後將辛西婭的屍體扔到了荒郊野外。後來,警方發現了辛西婭的屍體。

以笑臉為簽名的殺手——吉斯·傑普森

1992 年 11 月,奧勒岡州的警方發現了一具女屍,死者是妓女蘿莉 (Laurie Ann Pentland)。蘿莉在為傑普森提供了性服務後,要求傑普森支付雙倍的費用,這讓傑普森很惱火,他就痛毆了蘿莉一頓。後來傑普森發現蘿莉想報警,於是就將蘿莉勒死,並把屍體扔到了路邊。

1993 年 7 月,傑普森在加州殺死了一個女人。當警方發現這個女人的屍體時,發現她體內有大量的毒品,這讓警方認定死者是死於服用過量藥物。在加州,因服用過量藥物致死並不罕見,每年都有許多人因此而死,警方已經麻木了。

至此,傑普森已經殺死了 5 名女性。在傑普森看來,自己殺死的都是妓女,算是為社會清除負擔。隨著殺的人越來越多,傑普森發現殺人其實是一件很簡單的事情。同時傑普森開始被噩夢纏繞,他擔心自己會遭到報應,但他根本無法停止繼續殺人。

1994 年 9 月,克雷斯特維尤的警方發現了一具女屍,由於屍體面部損毀嚴重,死者身上也沒有可以證明身分的東西,該案就被警方封存起來。

1995 年 1 月,一個名叫安潔拉 (Angela Subrize) 的年輕女孩搭上了傑普森的卡車,她想去印第安納州和男友約會。在路上,安潔拉開始抱怨傑普森開車速度慢,這惹惱了傑普森,他將車停在路邊,強姦並殺死了安潔拉,還毀掉了屍體的面部。

作為一個長途卡車司機，傑普森經常在不同的州之間往返，他在 5 個州一共殺死了 8 個人。由於傑普森殺死的前 7 個人都是陌生人，而且死者分別在不同的州，分屬於不同的管轄區域，這限制了警方的調查，也讓警方無法將這些凶殺案連繫在一些。直到傑普森被捕後，警方才意識到這些凶殺案是同一人所為，凶手是一個連環殺手。

傑普森殺死的最後一個女人是他的女友茱莉·溫寧漢（Julie Winningham）。茱莉 41 歲，是傑普森的同事，兩人認識後不久就開始約會。傑普森一直懷疑茱莉根本不是真心愛他，與他在一起只是為了錢。

1995 年 3 月 10 日晚上，茱莉希望傑普森能為自己承擔些罰款，她因頻頻被罰款，已經沒錢了。傑普森不想再掏錢，於是兩人發生了激烈的爭吵，在爭吵中傑普森掐住了茱莉的脖子，茱莉一下子就暈了過去。隨後，傑普森用膠帶將茱莉綁住，並開車將茱莉帶到城外殺死。

20 多天後，茱莉的屍體被發現。警方找到了茱莉的母親，希望她能提供一些線索。茱莉的母親表示，茱莉遇害前曾來過家裡，她說自己要去參加一個生日聚會，茱莉待了沒多長時間就匆匆離開了，因為外面一個開卡車的男人一直在不停地催促茱莉。茱莉的母親記得，那個男人的塊頭很大。

警方在茱莉的一份汽車帳單上看到了傑普森的簽名，於

以笑臉為簽名的殺手——吉斯·傑普森

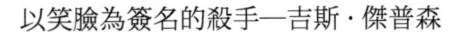

是傑普森成為該案的重大嫌疑人。在拘捕傑普森前，警方曾找傑普森談過話，這讓傑普森很吃驚，他覺得自己的好運終於到頭了，於是試圖自殺，但兩次自殺都沒成功。

被拘捕後，傑普森不僅主動交代殺死茱莉的整個過程，還交代了另外 7 起謀殺案。1995 年 3 月 30 日，傑普森被正式起訴。在法庭上，傑普森主動交代了所有罪行，最終他被判處了 3 個終身監禁。

當傑普森的親友得知他是個連環殺手後紛紛表示不敢相信。傑瑞是傑普森的好友，在他看來傑普森與所有普通人一樣很正常，從來沒有表現出暴力傾向，更不可能做出殺人這樣的事情來。在 1993 年時，傑普森曾向傑瑞坦白過自己殺人的事情，並表示自己根本停不下來。當時傑瑞並未放在心上，以為傑普森只是在開玩笑。

傑普森在坦白案情之前，寫了一封信給警方，要求警方務必將信交給他的哥哥。信中，傑普森提到了自己所犯的罪行，他還說自己是個害群之馬，警方早點將他抓住，他就能早點停手。看完信後，傑普森的哥哥十分震驚，就將信交給了父親萊斯利（Leslie）。萊斯利也很吃驚，他覺得傑普森是個懂得善惡的孩子，根本不可能是個凶殘的連環殺手。

在傑普森被關進監獄後，他的兄弟姐妹就漸漸與他斷了聯絡，只有萊斯利還會時不時地去看望他。身在監獄的傑普

森總是被噩夢糾纏，每到深夜，他總覺得那些被害人變成了厲鬼向他索命。

1955年4月6日，傑普森出生於加拿大的奇利瓦克，在家中5個孩子中排行第三。在家裡，傑普森是個可有可無的存在，他沒有哥哥姐姐懂事，也沒有弟弟妹妹討父母喜愛。萊斯利十分喜歡喝酒，但一喝醉就會變得十分暴躁，會對家人拳腳相加，家中的孩子總是遭受父親的毆打。有時，萊斯利還會毆打自己的父親，他的父親也是個暴力狂，傑普森和兄弟姐妹有時會看到祖父和父親互毆的場景。

在傑普森12歲時，萊斯利帶著全家離開了加拿大，搬到美國居住。傑普森本來就不擅長人際交往，因此他的加拿大口音成了班上的異類。傑普森是個大塊頭，行動起來顯得非常笨重，再加上膽子小，在班上總會被欺負，同學們還替他取了一個「巨人」的綽號。有一次，傑普森在外受了欺負，他回家向哥哥訴苦，結果哥哥不但沒幫他出頭，還嘲笑了他一番。

漸漸地，傑普森的性格變得扭曲起來。在學校裡，傑普森總是保持沉默，不與周圍的人交流，只有在被老師點名回答問題時才會說話。課餘時間，傑普森總是一個人待著。後來傑普森開始做一些壞事，例如偷同學的橡皮擦、砸壞學校的玻璃、欺負低年級的學生等。

以笑臉為簽名的殺手—吉斯·傑普森

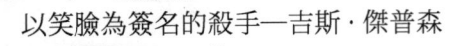

　　當老師知道傑普森做的壞事後就將他的父親萊斯利叫到學校談話。回家後，萊斯利通常會將傑普森痛毆一頓，並斥責他。在傑普森的記憶中，父親毆打自己的花樣有很多，有時用拳頭，有時用棒球棍，有時將他吊起來打，有時會用電擊棒電擊他。

　　傑普森小時候很喜歡折磨小動物。起初，傑普森只是捉弄小動物，看著小動物驚慌失措的樣子他會覺得很開心。後來，傑普森開始不滿足於簡單的捉弄，他開始用各種工具虐待小動物，最後將牠們殺死。當萊斯利得知傑普森所做的事情後，沒有阻止他，在萊斯利的心中，那是男子氣概的表現。

　　除了虐殺小動物外，傑普森幼年時還曾出現過兩次嚴重的暴力行為。10歲時，傑普森和一個名叫馬丁（Martin）的小男孩經常在一起玩耍，他們很喜歡一起做些壞事。不過每次做完壞事，馬丁就會將責任都推到傑普森的身上。幾次後，傑普森再也無法忍受，就痛毆馬丁，當時傑普森用了很大的力氣，幸好馬丁的父親及時趕到，不然馬丁很可能會被傑普森毆打致死。

　　另一次是傑普森在公共泳池裡游泳的時候，一個男孩惡作劇般將傑普森拉下水，接連幾次後，傑普森終於被惹惱了，他將男孩用力按到水裡。幸好救生員及時發現制止了傑普森，不然那名男孩很有可能會溺死在泳池裡。

1973 年，傑普森高中畢業了。傑普森沒有上大學的打算，成了一名卡車司機。萊斯利也沒指望這個令他失望透頂的兒子上大學，在他看來傑普森的智商根本無法應付大學的課程。

20 歲時，傑普森與蘿絲‧胡克（Rose Hucke）結婚了。婚後，蘿絲為傑普森生下 3 個孩子，兩個女兒一個兒子。傑普森的婚後生活很美滿，他對孩子們非常寵愛，總會親手為孩子們做一些小玩具。與此同時，傑普森的經濟壓力越來越大，為了養活家人，傑普森不得不同時做 3 份工作。

第三個孩子出世後，蘿絲開始懷疑傑普森出軌。面對妻子的質疑，傑普森一直遮遮掩掩，這讓兩人的關係變得越來越冷淡，最後以離婚收場。蘿絲在與傑普森離婚後，就帶著 3 個孩子搬到了 200 英里外的斯波坎居住。

35 歲時，傑普森決定不再當卡車司機，他想要實現自己成為加拿大皇家騎警的夢想。在一次訓練時，傑普森不小心受傷，為此他不得不放棄夢想，繼續開卡車跑長途，同時開始了他的連環殺手生涯。

以笑臉為簽名的殺手—吉斯・傑普森

【標誌與風險】

許多連環殺手的作案動機是為了滿足變態心理需求，例如控制、支配、受到媒體關注等。他們會透過各種方式吸引媒體的注意，例如像傑普森一樣寫信給媒體、警方，或者刻意在案發現場留下獨特的記號。

對於連環殺手來說，獨特的記號屬於他的標誌，是為了滿足自己的心理需求。傑普森不僅在寫信給警方、媒體時會畫上一個笑臉，在入獄後作畫時也會用笑臉作為自己的標誌，對於他來說，笑臉具有特殊的象徵意義。

代表性記號在滿足連環殺手心理需求的同時，也會帶來風險。對於傑普森來說，因為工作原因需要他定期從一個地方到另外一個地方，這讓警方的偵破變得十分困難，警方甚至無法將傑普森所犯的案件連繫起來。如果不是傑普森為了吸引媒體、公眾的注意，留下那個代表性的笑臉，那麼警方永遠不會將這些案件連繫起來。即使是冒著被捕的風險，傑普森還是要留下笑臉的記號。因為對於執意留下記號的連環殺手來說，記號是他的特徵，是他身分的證明，他不會輕易

改變,即使改變了作案地點、作案手段、作案工具,甚至連謀殺目標都發生了變化,他的記號也不會改變。

以笑臉為簽名的殺手——吉斯・傑普森

熱心司機的死亡陷阱
——伊凡·米拉特

熱心司機的死亡陷阱—伊凡·米拉特

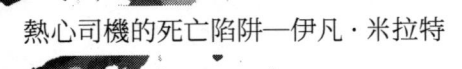

1992年9月19日，星期六，澳洲新南威爾斯比蘭加洛地區的兩名男子在國家森林公園裡跑步時突然聞到了一股難聞的惡臭。他們帶著好奇心尋找惡臭的源頭，本以為是一頭腐爛的動物，卻在一個土堆下看到了一具高度腐爛的屍體，還有一些衣服、一雙鞋子和大量的人骨。

警方趕到後立刻對附近進行了搜查，第二天在距離第一具屍體發現地30公尺左右的地方發現了另一具屍體。兩名死者都是女性，兩具屍體上都有非常嚴重的刀傷，其中一具屍體被刺了14刀，刀刀致命，另一具屍體的頭蓋骨上有10個彈孔。

發現無名女屍的消息立刻在澳洲乃至全世界傳播開來，許多歐洲家庭紛紛主動與比蘭加洛地區的警方聯絡，想確認被害人是否是他們的孩子，他們的孩子在去澳洲旅行後就失蹤了。

經過牙齒鑑定，兩名死者來自英國，分別是喬安妮（Joanne Walters）和卡羅琳（Caroline Clarke），在1991年來澳洲自由行之後失蹤。

在1980、1990年代，澳洲吸引了大量的歐美年輕人，他們要麼是剛剛高中或大學畢業，要麼是準備在工作之前體驗一下自由生活。由於沒有穩定的收入，許多年輕人都會在旅行過程中搭便車，從而省下路費，他們因此被稱為「背包客」。

對於歐美背包客來說，澳洲就是天堂，有不少專門為背包客準備的旅店，有些背包客就是在旅店相遇，然後一起開始結伴而行。喬安妮和卡羅琳就是在旅店認識的，並很快成為好朋友。喬安妮是個很喜歡旅行的年輕女孩，自然不會錯過澳洲；而卡羅琳則因為從小觀看澳洲的電視劇，對澳洲充滿了嚮往，於是在 1991 年來到了澳洲。她們萬萬沒有想到，自己會在搭便車的過程中遇到一個惡魔，這個惡魔只想取走她們的性命。警方注意到喬安妮的兩隻手上還戴著珠寶首飾，顯然凶手並不是為了劫財。

法醫在對兩名死者的屍體進行了檢查後發現，喬安妮身上的衣服十分凌亂，襯衫被拉到胸部以上，牛仔褲的拉鍊被拉開，身上沒有穿內褲和襪子，就連案發現場也沒找到喬安妮的內褲和襪子，警方懷疑喬安妮很有可能遭受了性侵，只是屍體腐爛嚴重，法醫無法確定她是否被性侵，至於喬安妮的內褲，應該是被凶手拿走當作勝利品收藏了。而卡羅琳被槍殺的時候，應該是被迫跪在地上，她生前可能遭受了凶手的侮辱，她的衣服和內衣都被人撕開了。

在卡羅琳屍體的附近，警方找到了一些子彈彈殼，這些子彈分別是從左、右、後三個不同的方向射出的。後來警方利用金屬探測器在泥土裡找到了一些彈頭，凶手很可能在朝著卡羅琳的頭部進行射擊的時候，把一些子彈射進了泥土

熱心司機的死亡陷阱——伊凡・米拉特

裡。子彈上有一些很輕微的痕跡，是使用消音器留下來的。此外警方沒有在案發現場找到喬安妮和卡羅琳的露營裝置，很有可能是被凶手拿走了。

幾週後，警方的調查工作幾乎毫無進展，於是警方就向精神科醫生羅德・密爾頓博士尋求幫助。密爾頓博士認為凶手不止一個人，應該有幫凶，他們心理變態，十分喜歡虐殺年輕女子；凶手的年齡應該在 30 歲左右，對國家森林公園十分熟悉，且有犯罪前科。

警方猜測，一定有其他的背包客遇到過凶手，為了徵集線索，警方立刻與多個國家的電視媒體取得聯絡，希望能透過報導該案尋找目擊者。身在英格蘭的一名男子保羅（Paul Onions）看到報導後，立刻想起了自己在 1990 年 1 月去澳洲旅遊時差點死在了一名「熱心」司機手裡的經歷。

當時保羅在澳洲旅遊，他想透過搭便車去墨爾本。保羅在路邊等了許久，也沒有一輛車停下來。後來，一輛四驅車停在了保羅的面前，司機表示他願意搭載保羅一程，他自稱比爾（Bill）。

一路上，保羅和比爾聊得很開心，他們都對棒球非常感興趣。但後來比爾的情緒變得越來越暴躁，他將車停下來後，對保羅說要下車去找一些錄音帶。當時保羅注意到錄音帶就在車上，他覺得比爾的情緒有些不對勁，於是他也跟

著比爾下車了,他說在車上坐得太久了,要下車伸展一下四肢。

比爾立刻被激怒了,他拿出一些繩子想將保羅捆綁起來。保羅被嚇了一跳,立刻開啟車門準備逃走。比爾一邊在後面追趕,一邊朝保羅的背影開了兩槍,幸運的是保羅沒有被擊中。當比爾追上保羅後,兩人就扭打在了一起,保羅之前曾在海軍接受過 6 年的訓練,所以他很快從扭打中掙脫出來,拚命往公路上跑,在公路上攔截過往車輛。一輛車在保羅面前緊急停了下來,保羅立刻開啟車門,進入車後座。車內只有一個女人和兩個孩子,保羅對著女司機貝里(Joanne Berry)大喊道:「趕快走!那個人手裡有槍,他要殺了我!」貝里看到不遠處有個男子正在藏東西,於是立刻開車走了,她帶著保羅來到了警察局報案。

當時的警察只覺得這是一起普通的搶劫案,在讓保羅做了筆錄之後,就讓他離開了。保羅很快就回國了,從那以後他一直在家裡待著,再也沒有外出旅遊過。1992 年 11 月 13 日,當保羅得知澳洲的警方正在為一系列凶殺案徵集線索的時候,立刻想到了這個試圖殺死自己的男子,於是他撥打了澳洲警方提供的收集線索熱線電話。但警方每天都能收到成千上萬的消息,保羅的線索並未引起警方的重視。

1993 年 10 月,警方接到報案,有人在國家森林公園發

熱心司機的死亡陷阱——伊凡·米拉特

現了一塊人類的頭蓋骨。報案者是個製陶工人，名叫布魯斯。布魯斯是本地人，當他得知國家森林公園發生的這兩起凶殺案後，立刻決定前往森林公園繼續搜尋可能未被發現的死者，他有三個女兒，十分理解那些女兒失蹤的父母的心理。

每逢週末，布魯斯都會獨自駕駛著汽車去公園裡搜查。布魯斯先發現了一根大腿骨，起初他以為那是袋鼠的大腿骨，但當他拿起來仔細看過後，確認這是人的大腿骨，因為袋鼠的大腿骨上有突出物，人類則沒有。於是布魯斯就在發現大腿骨的地點附近進行搜查，直到他發現了一塊人類的頭蓋骨。

警方在布魯斯的帶領下，來到了發現頭蓋骨的地方。在之後的搜查工作中，警方找到了兩具屍體。死者是一男一女，分別是詹姆斯（James Gibson）和黛博拉（Deborah Everist），他們是一對年輕的情侶，從墨爾本來此地旅行後就失蹤了。

屍檢結果顯示，詹姆斯的身上一共有 8 處刀傷，上脊椎處有一處非常嚴重的刀傷，他在受傷後應該立刻就癱瘓了，此外他的背部和胸部也有很嚴重的刀傷，直接刺穿了他的心臟和肺部。黛博拉的下顎骨則被打碎了，她的頭骨上還有兩處骨折，她生前應該遭到了凶手的毆打。

詹姆斯和黛博拉的死與之前兩名被害人的死十分相似，讓警方不得不懷疑凶手是同一個人。起初警方將發現頭蓋骨的布魯斯當成了嫌疑人，但透過調查後他們排除了布魯斯的嫌疑。

　　國家森林公園再次發現屍體的消息立刻被傳播開了，許多記者和攝製組都試圖進入案發現場，電視臺的直升機一直在國家森林公園上空盤旋著。雪梨政府也很重視這起連環凶殺案，畢竟當時雪梨剛剛成功申辦奧運會，雪梨的治安是所有人都十分關注的重點。

　　1993年11月1日，警方再次找到了一個頭骨。經鑑定，頭骨屬於來自德國的西蒙妮（Simone Schmidl），她在1991年1月20日失蹤。據西蒙妮的母親反映，西蒙妮失蹤前曾與她約好一起去旅行，當時西蒙妮在雪梨，而她在墨爾本，她們約好在墨爾本的機場碰面。但西蒙妮卻失蹤了，母親一直等不到西蒙妮的消息，就報了警。在之後的6個星期內，警方只調查到西蒙妮搭乘了一輛車，之後就再也沒有消息了。後來西蒙妮的母親回國了，兩年後她終於得到了女兒的消息，卻是西蒙妮遇害的事實。西蒙妮的屍體很快也被找到了，她的屍體上有8處刀傷，其中兩刀切斷了她的脊椎，另外幾刀直接插入了她的心臟和肺部。

　　在西蒙妮頭骨附近，警方還找到了一些衣服，但並不

熱心司機的死亡陷阱——伊凡・米拉特

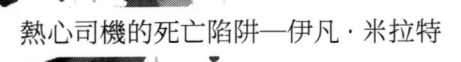

屬於西蒙妮,而是另一名失蹤的德國背包客安雅(Anja Habschied)。兩天之後,警方找到了兩具屍體,其中一具屍體是安雅的,另一具屍體是安雅的男朋友蓋博(Gabor Neugebauer)。這對年輕的情侶也很喜歡旅行,他們將歐洲玩遍了之後,就來到了澳洲,在出發前還將目的地告訴了父母。當蓋博的父母得知兒子將要去澳洲時,都十分放心,他們覺得澳洲是個比亞洲和歐洲都安全的地方。蓋博的頭骨上有6處彈孔,安雅則被凶手割下了頭顱,警方一直沒有找到安雅的頭顱。

警方已經在國家森林公園裡找到了7具屍體,於是,一個「背包殺手特別工作小組」成立了。之後警方對國家森林公園展開了地毯式的搜查,每天都有40個警察帶著警犬出發,這些警犬都經過了特殊的訓練,能從土壤中發現磷光和氮,當屍體腐爛後就會分解出這兩種化學物質。

與此同時,警方也派出了大量的警察對當地的槍械俱樂部展開調查,專門查詢和凶器相同型號的槍支。最終警方查到了伊凡・米拉特(Ivan Milat)。米拉特是個電信工程師,一個工作非常認真的人,在公司上下頗受尊重。不過警方發現米拉特的休假日期與凶殺案的發生日期相吻合。

米拉特就居住在國家森林公園附近,十分喜歡槍支,是槍械俱樂部的會員。據米拉特的一個同事反映,米拉特十分

喜歡收集槍支，他的家簡直就是一個陳列槍的兵工廠。米拉特和兄弟理察曾在雪梨和墨爾本之間的高速公路上組建了一個公路犯罪集團，專門搶劫過往車輛，他們兄弟二人與警察的關係十分惡劣，經常與警察發生爭執。此外米拉特還有過案底，他在 1971 年被指控綁架和強姦，後來由於缺乏證據，指控就被撤銷了。

警方透過進一步的調查發現，在國家森林公園首次發現屍體的消息傳出去之後，米拉特就將自己那輛日產巡邏四輪驅動車給賣了。後來警方找到了這輛汽車，並從車裡找到了其中一名被害人的頭髮。新車主還交給警方一顆子彈，這是他在車裡發現的，這顆子彈正屬於凶器槍支。

1994 年 4 月，一名警察在整理報案熱線的電話登記資料時，注意到了保羅所陳述的案情，於是警方立刻與保羅取得聯絡，邀請他來澳洲協助警方的調查工作。4 月 13 日，保羅來到雪梨，在警方的安排下，他從 13 個人的照片中一下子辨

熱心司機的死亡陷阱——伊凡·米拉特

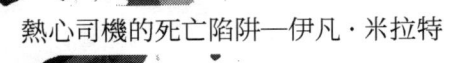

認出了米拉特。警方決定以襲擊罪的罪名將米拉特逮捕。

保羅因協助警方辦案獲得了 20 萬澳元的獎勵,但他回到英格蘭後就將支票退還給了澳洲警方,因為這筆錢總會讓他聯想起那些死在米拉特手裡的被害人,這讓他寢食難安。作為唯一的倖存者,保羅經常回想起那天的恐怖經歷,他甚至還患上了憂鬱症。

1994 年 5 月 22 日星期日清晨 6 點 30 分,50 名警察包圍了米拉特的住所。在搜查米拉特住所的時候,警方找到了大量的證據,例如與凶器相匹配的槍支,還有大量被害人的物品,其中有一件帶血的藍色襯衫,這是保羅的襯衫,上面的血跡也屬於保羅。警方還發現了幾張可疑的照片,照片中米拉特的手中拿著被害者黛博拉和詹姆斯的物品,而且他的女朋友身上穿著卡羅琳的衣服,那件衣服只有在英國才可以買到。

被捕後,米拉特立刻提出找律師的要求。他的律師在了解了基本案情後對他說:「伊凡,我希望那些人不是你所殺,但如果你真的是凶手,那就太可怕了。從目前的形勢看,警方手中掌握著大量對你不利的證據。我認為最合理的辯護就是從你的精神問題上尋求突破,以獲得減刑。」米拉特聽完這番話後,立刻解僱了他的辯護律師。

1995 年 3 月,作為背包客殺手(The Backpacker Murderer）的米拉特開始接受審判。7月27日，陪審團一致認定米拉特7項謀殺罪、1項襲擊罪罪名成立，他被判處7個終身監禁。之後，米拉特就被送到雪梨西南方一所最大的監獄中服刑。

米拉特一直不肯認罪，他堅持自己是清白的，甚至還試圖將所有的罪行都推到自己的兄弟理察（Richard）身上。1個月後，米拉特企圖越獄被發現，然後他就被轉移到戒備森嚴的古伯恩監獄。越獄失敗後，米拉特就開始絕食抗議，甚至還用吞刮鬍刀片的方式自殺。後來獄警只能將米拉特隔離到一個單獨的房間裡。2009年，米拉特用塑膠鋸齒的餐刀將自己左手的小拇指割下來，然後將它裝進一個信封內寄給澳洲的高等法院。之後獄警發現了這根小拇指，立刻將米拉特送到醫院接受接指手術，手術失敗後的當晚他被送回了監獄。

雖然米拉特被送進了監獄，但警方的調查工作還在繼續。警方懷疑被米拉特害死的人遠遠不止7個，國家森林公園那麼大，一定還有被藏起來的屍體沒有被發現。後來警方又找到了一具屍體，與之前的被害人的死亡方式十分相似。在之後的幾年內，米拉特一直在不停地接受新的審訊。

對於背包客殺手是否只有米拉特一人，一直存在爭議。有人認為，米拉特一定有同夥，而他的姐姐就是重要嫌疑人，不過在米拉特被捕時她已經去世了。米拉特與姐姐的關

熱心司機的死亡陷阱──伊凡・米拉特

係非常好，最關鍵的是警方在卡羅琳的屍體旁發現了菸頭，米拉特從不抽菸，而他的姐姐卻抽菸。

2012 年，米拉特的姪孫馬修・米拉特（Matthew Milat）因殺人罪被判入獄，他與朋友科恩（Cohen Klein）在好友大衛（David Auchterlonie）過生日的時候用斧頭將其砍死，當時大衛才 17 歲，而馬修和科恩也才 19 歲。據馬修的母親反映，馬修從小就很崇拜米拉特，可以說米拉特對馬修產生了很大的影響。

米拉特出生於 1944 年，他的父親是南斯拉夫移民，母親是澳洲人。米拉特家中兄弟眾多，他在家裡的 14 個孩子中排行第五。老米拉特是個脾氣火爆的人，與兒子們之間的關係很糟糕。

米拉特從小就是個經常惹麻煩的人，15 歲離開學校，從那以後就經常因盜竊罪、搶劫罪、襲擊罪被指控。但他總能逃脫法律的制裁，直到因連環命案被警方逮捕。雖然在警方看來，米拉特是個罪行累累的人，但在鄰居和同事的眼中，米拉特和所有正常人一樣，為人友好，見面會主動與人打招呼。

【罪犯的自殺行為】

　　米拉特是個相當自負的連環殺手,在他的認知裡,他不應該被警方逮捕,更不應該進監獄。因此當米拉特被捕後,他的辯護律師告訴他,他只能利用精神問題來減刑,米拉特就直接解僱了他的律師,因為米拉特想要的是無罪辯護,像他之前因強姦一名女子,在律師的辯護下被無罪釋放一樣。

　　因此米拉特在進入監獄後會發生一種心理轉變,他覺得自己已經沒有走出監獄的可能了,因此就產生了自殺的想法。監獄裡被嚴格限制自由的生活對米拉特來說不僅十分痛苦,而且毫無意義,在他看來,他根本不應該被關進監獄,於是米拉特出現了越獄行為。當他越獄失敗後,米拉特就開始絕食抗議。

　　那麼,米拉特是否真的想自殺呢?還是他只是利用自殺的方式獲得獄警的注意,從而達到自己的某種目的?在監獄裡,許多罪犯的自殺行為都不是為了結束自己的生命,不少罪犯只是為了吸引獄警乃至媒體的注意,從而獲得被送往更寬鬆的環境中的機會,例如被送往精神病院。與監獄相比,

熱心司機的死亡陷阱—伊凡·米拉特

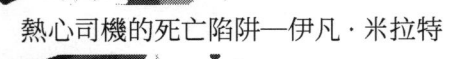

精神病院的生活要寬鬆得多。也可能是為了其他目的，例如米拉特在 2011 年再次出現絕食行為，他想讓獄警為他配備遊戲機。

與許多連環殺手一樣，米拉特也具有兩面性。同事和鄰居只看到了米拉特友好、認真的那一面，而他殘忍的那一面則很少有人看到。米拉特的兄弟鮑里斯在他被捕後對記者說，米拉特從小就是一個極其殘忍的人，是個不折不扣的虐待狂，他很喜歡用刀刺穿貓狗的心肺或脊骨，還經常拿著刀恐嚇和猥褻少女。鮑里斯還提到，凡是米拉特所到之處，都會出現人口失蹤的現象。

鬧著要做變性手術的殺手
——保羅・查爾斯・德尼爾

鬧著要做變性手術的殺手——保羅‧查爾斯‧德尼爾

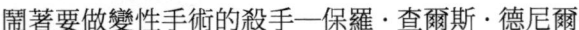

法蘭克斯頓是澳洲維多利亞州首府墨爾本 41 公里外的一座小城市，唐娜（Donna Vanes）與丈夫萊斯、妹妹特蕾西亞一起居住在社區的房子裡。1993 年 2 月的一天晚上，萊斯結束了一天的送外賣工作與妻子唐娜一起回家，當他們開啟家門後看到了令人震驚的一幕：客廳的電視牆上有幾個非常醒目的用血跡寫成的大字——「唐娜，妳死定了」。

當夫妻二人來到廚房後，發現地上、牆壁上到處都濺上了血跡，碗櫃被砸碎。在廁所，唐娜與萊斯看到了兩隻小貓的屍體浸泡在浴缸裡，牠們被人用十分殘忍的手段殺害了。馬桶裡還有一團血跡斑斑的東西。

其他房間也被弄得一團糟，到處都散落著比基尼女性照片，有些照片還被捅出了窟窿。衣服不僅被撕碎了，上面還有大量血跡。

唐娜嚇壞了，她立刻與妹妹特蕾西亞取得聯絡，在確認

妹妹很安全後就放下心來。在當天晚上，唐娜與萊斯帶著特蕾西亞搬走了，從那以後再也沒回來過。

其實早在一年前，唐娜所在的住宅區就開始頻發怪事。有一位女性在下班回家後，發現家中有盜賊闖入，將她的衣服全撕碎了。另一名女性反映，她總感覺有人在偷窺自己。

1993年6月11日，法蘭克斯頓警方接到報案，一名18歲的女大學生伊莉莎白·史蒂芬（Elizabeth Stevens）失蹤了。第二天，也就是星期六，有人在勞埃德公園發現了一具女屍，女屍的面部被凶器損毀，已經嚴重變形，僅透過肉眼根本無法分辨死者的身分。後經確認，死者正是失蹤的伊莉莎白。伊莉莎白的上身赤裸著，脖子上纏著自己的衣物，還有十分嚴重的割傷；胸部有6處傷口；從胸口到肚臍有4道垂直刀傷，腹部有處「十」字形的傷口，肋骨周圍有4處傷痕。從伊莉莎白身上和臉部的傷痕來看，她生前應該遭受了殘忍的虐待。

警方立即開始調查伊莉莎白的人際關係，初步認定這是一起仇殺案件。但警方發現伊莉莎白沒有與誰發生矛盾。於是警方就認為凶手應該是隨機作案，在試圖性侵伊莉莎白時遭到了激烈反抗，才會下毒手。但法醫的屍檢報告讓警方很困惑，伊莉莎白沒有遭受性侵。

勞埃德公園附近的居民一一接受了警方的詢問，他們在

鬧著要做變性手術的殺手——保羅・查爾斯・德尼爾

案發當天並沒有聽見或看見什麼可疑的聲音或人。警方還在伊莉莎白最後一次出現的車站附近放置了她的人像模型，希望有人能主動與警方聯絡提供線索。但最終，警方一無所獲。

1993年7月8日，警察局來了一名女子，她名叫羅莎・托特（Rosza Toth），41歲，職業是銀行職員。羅莎告訴警方，她在下班回家的途中差點被一個男子殺死。當時一名陌生男子突然從背後捂住她的嘴，然後掏出一個硬物抵住了她的頭，威脅著讓羅莎閉緊嘴巴，不然就開槍殺了她。羅莎被男子拖到了旁邊的自然保護區，那裡有一大片灌木叢。羅莎趁男子不備，用力咬了男子一口，在男子痛得鬆開手後，羅莎狠狠地踢了對方一腳。隨後羅莎不顧被扯破的衣服，快速逃跑，幸運的是正好有一輛車經過此地救下了羅莎，並將她帶到了警察局。

根據羅莎所提供的線索，警方來到了她被襲擊的地方，但襲擊者早沒了蹤影，警方在搜查一番後什麼線索也沒有找到。

當天晚上，當地發生了一起失蹤案，失蹤者是22歲的黛博拉・弗利姆（Deborah Fream），剛生育不久。在失蹤的那天晚上，黛博拉發現家裡沒有奶粉了，就開車去超市購買，結果一直沒有回來。4天後，一個農民在農田裡發現了一具女屍，死者正是失蹤的黛博拉。黛博拉的頭部、脖子、胸部和

手臂上一共有 24 處刀傷，死於窒息，沒有遭受性侵。警方透過調查發現，黛博拉生前沒有與任何人發生矛盾，這應該是一起隨機作案，與之前的謀殺案十分相似。

警方開始懷疑殺死黛博拉與伊莉莎白的是同一個人。從被害人的屍體受損程度來看，凶手應該對女性有著明顯的仇恨。不過被害人卻沒有遭受性侵，這讓警方覺得很意外。因為大部分連環殺手在對女性下手時，通常是為了性侵。凶手有足夠的時間實施性侵，但他卻沒有這樣做，這說明凶手在生理上或許存在一定的問題。

法蘭克斯頓出現了一個連環殺手的消息立刻傳播開來，女人們惶惶不安，到了晚上根本不敢出門，街道上十分寂靜。當地的房價也因此直線下跌，沒有人願意生活在一個隨時可能遇害的城市裡。

對於當地警方來說，抓住凶手有很大的難度。首先，警方所掌握的線索很少，只能確定凶手極有可能是個連環殺手，他會再次作案。其次，兩起謀殺案的被害人並無相似之處，這說明凶手沒有特定的被害人類型，只是隨意選擇目標。為了安撫人們的恐慌情緒，警方特別成立了幫助中心，教女性防身術和遇險自救措施。很快警方最擔心的命案再次出現，這次的遇害對象是一名 17 歲少女，名叫娜塔莉·羅素（Natalie Russell）。

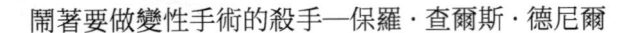

鬧著要做變性手術的殺手——保羅‧查爾斯‧德尼爾

1993 年 7 月 30 日下午，娜塔莉像往常一樣騎車回家，卻在途中失蹤。8 個小時後，娜塔莉的屍體被發現了。娜塔莉與前兩名被害人一樣遭受了非人的虐待，甚至更慘，幾乎身首異處，同樣沒有遭受性侵。這一次凶手在案發現場留下了一項十分關鍵的證據，即一小塊脫落的帶血皮膚。警方將這塊皮膚拿去進行了檢驗，檢驗結果顯示它並不是娜塔莉身上的，那麼就可能是凶手留下的，凶手可能在與娜塔莉搏鬥時不小心傷到了自己，所以在被害人屍體上留下了這份關鍵性的證據。

一名巡警在得知娜塔莉遇害的案件後，立刻回想起在 30 日下午 3 點左右看到的一輛黃色豐田花冠汽車，於是就去警察局報案。巧合的是，娜塔莉的遇害時間也是 3 點左右。巡警告訴查案的警察，當時他曾上前去察看，發現車上沒有懸掛車牌，車內也沒人，於是就抄下了車身號碼（VIN）。

與此同時，一名郵差也來警察局報案，他在案發前看到了一輛黃色豐田花冠汽車，車內的司機看起來非常奇怪，故意將座椅調得很低，好像害怕被人認出來。這下這輛可疑的汽車嫌疑就更大了，關鍵的是警方在調查黛博拉遇害案的時候，發現案發地點附近也曾出現過黃色豐田花冠汽車。

警方透過車身號碼，找到了這輛黃色豐田花冠汽車的主人，他名叫保羅‧查爾斯‧德尼爾（Paul Charles Denyer），才 21 歲。

在實施抓捕之前,警察先打了一通電話給德尼爾住所的座機,沒有人接聽。警方只好派一名警察到德尼爾住所去探探虛實。警察在確認德尼爾家中沒人後,就在門縫中塞了一張紙條,上面寫著警方正在對社區住戶進行一項調查,讓屋主有時間打電話給警察局。

下午5點多,警察局接到了電話,打電話的人是德尼爾的女朋友莎倫·強生。為了不驚動嫌疑人,警察謊稱警方正在進行常規調查,正好抽中了他們。

10分鐘後,德尼爾住所附近出現了許多警察,他們將德尼爾的住所團團圍住。幾名警察上前按響了門鈴,很快門就被開啟了,警察看到了德尼爾。德尼爾看到這麼多警察後雖然有些吃驚,但並沒懷疑,就讓警察進了屋。

一進屋,警察就控制住德尼爾,並問他是否有一輛沒有牌照的黃色豐田花冠汽車,德尼爾承認他有這輛車。一名警察注意到德尼爾的手上有幾處傷口,其中一處傷口缺失了一小塊皮膚,很可能是在殺害娜塔莉時留下的。

隨後警方質問德尼爾,手上的傷口是怎麼來的?德尼爾說,那是他修車時不小心弄傷的。警方繼續詢問他的汽車為什麼會出現在案發現場。德尼爾解釋說,當時自己的車正好壞了,只好停在路邊,然後就坐車去接莎倫下班。

警方當然不相信德尼爾的解釋,將他帶回了警察局。面

鬧著要做變性手術的殺手——保羅・查爾斯・德尼爾

對審問，德尼爾一直堅持自己是無辜的，根本不知道什麼凶殺案，只在報紙上看到過。最後警方只好使出殺手鐧，說他們有犯罪嫌疑人的 DNA，只要將德尼爾的 DNA 與嫌疑人的 DNA 進行比對，德尼爾就不得不認罪了。於是，德尼爾開始交代自己所犯下的罪行。

德尼爾交代的第一起案件是伊莉莎白遇害案。在案發的當天晚上 7 點左右，德尼爾突然產生了一個想殺人的念頭，於是就在勞埃德公園等著，等一個獨行的女人。當德尼爾看到伊莉莎白從公車上下來後，就一直尾隨在她身後。德尼爾表示，對他來說沒有什麼特定的目標，殺誰都無所謂，伊莉莎白只是在錯誤的時間出現在錯誤的地點。

等到偏僻無人之處，德尼爾直接撲過去抱住伊莉莎白，並威脅她，讓她不要亂動，不然就殺死她。其實當時德尼爾手中根本沒槍，如果伊莉莎白用力掙扎，或許就能逃脫。德尼爾將伊莉莎白帶到半山腰，當時伊莉莎白說想上廁所，德尼爾就邊等邊想著怎麼辦。等伊莉莎白完事後，德尼爾直接用手掐住了她的脖子，伊莉莎白因缺氧昏迷過去。德尼爾看到伊莉莎白不再掙扎，掏出刀刺向伊莉莎白的脖子。伊莉莎白突然醒了過來，德尼爾只能拿著刀用力刺向她的肚子。等德尼爾平靜下來後，發現刀的刀柄都在他作案的過程中斷開了，由此可見當時德尼爾多麼用力。確認伊莉莎白已經死

亡，德尼爾就將她的屍體拖到了水溝旁。

在敘述殺害伊莉莎白細節的過程中，德尼爾表現得很冷靜，沒有摻雜任何情緒。當被問到為什麼要殺人時，德尼爾回答說，他就是想殺人，總覺得自己的生命好像被人奪走了多次，所以他也要奪走別人的生命。

德尼爾交代的第二起案件是羅莎遇襲案，羅莎是唯一的倖存者。在 7 月 8 日，德尼爾看到羅莎從車站走出來，就開始跟著她，等到僻靜之地就用同樣的方式將羅莎控制住。羅莎與伊莉莎白不同，她咬了德尼爾的手，並掙脫了德尼爾的控制，往公路方向跑，德尼爾就緊跟在她身後。德尼爾追上了羅莎，他一邊摀住她的嘴，一邊威脅著讓她乖乖聽話。在看到羅莎點了點頭後，德尼爾就準備帶羅莎離開。羅莎趁機掙脫，此時正好有一輛車路過，德尼爾就跑了。德尼爾那天本打算殺死羅莎，結果沒得逞，於是就去了附近的車站尋找可下手的女子。

這就是第三起案件，被害人是黛博拉。德尼爾專門來到一處人少的車站，他曾經來過這裡，知道晚上人比較少。當德尼爾看到黛博拉一人開著車過來後，就開始準備行動。趁著黛博拉走進奶粉店的空檔，德尼爾躲進了黛博拉車輛的後座，並藏在座椅下面。黛博拉上車後，德尼爾並未馬上行動，他在等黛博拉將車發動起來，這樣就沒人能聽到她的呼救聲。

鬧著要做變性手術的殺手——保羅・查爾斯・德尼爾

控制住黛博拉後,德尼爾就讓黛博拉將車開到了一個熟悉的偏僻之地,然後威脅著黛博拉和他一起下車。下車後,德尼爾拿出一根繩子走到黛博拉身後,勒住了她的脖子,然後德尼爾掏出尖刀,不停地刺向黛博拉的脖子和胸部。

殺死黛博拉後,德尼爾將她的屍體用樹枝蓋住。等他準備離開的時候,突然發現自己的刀不見了,就開始尋找。一會兒,德尼爾找到了刀,他開著黛博拉的車離開了。在距離住所不遠處,德尼爾將車停到路邊就走了。回到住所後,德尼爾打了通電話給莎倫,說下班會去接她。

第二天早上,德尼爾開始進行善後工作,他將行凶的刀拆了並藏在廁所的通風口。然後德尼爾來到黛博拉的車上,將車裡的奶粉、錢包、雞蛋和巧克力通通帶回家處理,他將錢包找個地方埋了。

接下來,德尼爾開始交代他犯下的第四起案件。這一次在謀殺前,德尼爾做了十分充分的準備工作,他想在腳踏車道上綁架一個年輕的女孩,然後將她帶到路邊的保護區殺掉。在謀殺開始的前一天,德尼爾還專門帶著刀具去了那裡,將公路和保護區中間隔著的圍欄弄出幾個洞,方便人鑽過去。

7月30日下午兩點半左右,德尼爾出現在腳踏車道上開始等待獵物出現。20多分鐘後,娜塔莉穿著藍色校服騎著腳

踏車出現了。德尼爾立刻跟上，在跟了10公尺左右時，德尼爾直接撲上去，一手摀住娜塔莉的嘴，一手用刀抵住她的脖子，德尼爾和娜塔莉一起鑽過洞來到了保護區。

　　起初娜塔莉不停向德尼爾求饒，希望德尼爾拿走錢後能饒過自己。德尼爾用刀在娜塔莉臉上劃了幾下後，命令她跪下來。娜塔莉哭著問德尼爾，他到底想要什麼？德尼爾說，想讓妳閉嘴。說著德尼爾就掏出繩子勒住了娜塔莉的脖子，由於他太用力，繩子斷了，娜塔莉開始掙扎起來，德尼爾就用刀刺向了娜塔莉的脖子。殺死娜塔莉後，德尼爾回到停車的地方，這時他看到了一個交警，他為了不讓交警看到自己沾著鮮血的手，立刻將手插在褲袋裡，沿著另一條路回家了。

　　最後，德尼爾還提到了他在唐娜家殺死寵物貓的事情。當時德尼爾是打算殺死唐娜的，他很討厭唐娜這個女人，當他翻窗進入唐娜住所的時候發現家中無人，就殺了寵物貓洩憤。

　　1993年12月15日，德尼爾接受了審判。在法庭上，德尼爾承認了自己所犯下的罪行。德尼爾還提及自己為什麼會成為一個殘忍的連環殺手，這一切都是他的哥哥大衛·德尼爾造成的，他曾被哥哥虐待過。此外德尼爾還提到了兩個因素，不幸的童年和反覆失業也導致了他的殺人行為。

鬧著要做變性手術的殺手——保羅·查爾斯·德尼爾

12月20日，德尼爾被判處3項終身監禁，永遠不得假釋。德尼爾及其辯護律師很快就提起了上訴。1994年7月29日，二審法庭改判終身監禁，30年不得假釋。被害人家屬對這項判決結果表示不服，如果30年後德尼爾真的獲得了假釋，那時他才50歲出頭，還可以享受許多年的自由時光，這對被他殺死的人來說太不公平了。

1972年4月14日，德尼爾出生於雪梨，他在家中6個孩子中排行第三。德尼爾的父母是英國人，後來才移民澳洲。

根據德尼爾母親的回憶，德尼爾小時候曾遭遇過一次小事故，他從桌子上摔下來並撞到了頭部。後來，家人常常拿此事和德尼爾開玩笑。每當德尼爾做出一些不符常理的事情時，家人都會歸因於頭部被撞。以至於德尼爾很討厭別人拿他曾被撞過頭部的事情說笑。

小時候的德尼爾就與許多小孩子不同。當別的男孩們聚集在一起打遊戲和玩滑板的時候，德尼爾則獨自一人製作刀具，他還喜歡收集各式各樣的刀具。在學校裡，德尼爾也總是一個人待著，他沒有朋友。與周圍的同學相比，德尼爾的體型太高太胖，這讓他看起來很另類。

德尼爾還表現出了殘忍的暴力傾向，他會用刀割掉妹妹的玩具熊的頭部、殺死家裡的寵物貓、肢解鄰居養的羊。

十幾歲時，德尼爾就開始頻繁與警察打交道。13歲時，德尼爾因偷車被警方警告。兩個月後，德尼爾又被警方發現報假警。15歲時，德尼爾被起訴，因為他強迫一個同學當眾自慰。

　　成年後，德尼爾在一家超市找了一份工作。工作後不久，德尼爾交了一個女朋友名叫莎倫。莎倫對德尼爾來說是個十分特別的存在，是他唯一不憎恨的女性。在德尼爾被捕後，他說自己永遠不會做出傷害莎倫的事情。當然，莎倫對他所犯下的罪行一無所知。

　　後來德尼爾因蓄意傷人被超市解僱，他就搬過去與莎倫住在一起，唐娜一家恰恰是莎倫的鄰居。德尼爾是個不會控制自己情緒的精神異常者，他常常會極端衝動和憤怒，這導致他失去了好幾份工作。

　　失業的德尼爾更加失控，他開始仇恨社會，每天都窩在家裡看一些血腥、驚悚的電影，其中《他不是我爸爸》(1987)這部電影是他的最愛，他最喜歡男主角殺人的血腥一幕，曾反覆看了許多遍。

　　德尼爾曾提及他憎恨所有的女人——莎倫除外，所以才會找女人下手。但在2004年，此時的德尼爾正在獄中服刑，他突然意識到自己對女性不是憎恨，他內心渴望著成為一個女人。於是德尼爾將自己的名字保羅改成更加女性化的寶拉

鬧著要做變性手術的殺手——保羅・查爾斯・德尼爾

（Paula），並要求政府出錢讓他接受變性手術。

最後，德尼爾的兩項請求都被拒絕了。監獄方不同意德尼爾改名，這是規定。德尼爾想要變性成女人的要求也被拒絕了，後來他還鬧到了法庭上，依然被否決。德尼爾只能留起長髮，並梳成女人的髮式。

在獄中，德尼爾還寫了一封信給哥哥大衛。德尼爾在信中說，自己在法庭上說曾被大衛虐待過的事情是假的，當時他撒了謊，所以寫信跟大衛道歉。

大衛接到德尼爾的信後，第一感受是恐懼，因為德尼爾曾威脅過他，要殺了他們一家人。當時大衛專門帶著妻子離開澳洲，搬到國外居住，直到德尼爾被捕後，大衛才帶著家人回到澳洲居住。

不久，大衛就拿著德尼爾的信來到警察局報案，他不想與德尼爾有任何聯絡，他不知道德尼爾到底如何知道了自己的地址，這讓他覺得受到了威脅。監獄方的負責人表示，犯人沒有機會上網，德尼爾可能是透過其他方式得到了大衛的地址。負責人還提及，寄信給家人是犯人的權利，他們也不

能阻止。當然如果收信人向監獄工作人員明確表示拒收犯人的信件,那麼監獄方會考慮檢查每一封信,確保裡面的內容不會給收信人帶來二次傷害。對此大衛表示,法律應該明令禁止犯人寫信。他還提到,如果德尼爾立刻死去,他也絲毫不會傷心,更不會掉一滴眼淚。

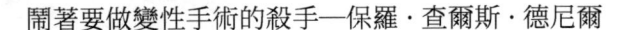

鬧著要做變性手術的殺手——保羅・查爾斯・德尼爾

【完全以自我為中心】

　　每個人都對自己的生活、工作或學習抱以期待，當現實無法滿足期待，人們會產生挫敗感，這是人之常情。我們都希望所有的一切能夠按照自己的意願發展，同時我們也知道這是不可能的，因此當遇到不如意的時候，我們會想辦法調節自身的情緒，讓自己盡快從挫敗感中走出來。但像德尼爾這樣的罪犯不會這樣想，他們會將所有的怒氣都發洩出來，將所有的責任都推到外界因素上。例如德尼爾就把自己的殺人行為推到屢次失業這個外界因素上，失業的人多了，有誰會像他一樣殘忍地殺人？

　　對於罪犯來說，他完全以自我為中心，希望所有的人、所有的事情都能按照他的要求來，一旦有背離他期望的事情發生，他就會變得非常憤怒。對於一個正常人來說，小挫折根本不必放在心上。但對於罪犯來說，小挫折會引發他沖天的怒火，就好像發生了災難一樣。

　　我們每個人都渴望獲得他人的尊重，罪犯也是如此。當一個人感到自己的自尊被冒犯了，他就會自發地出現防禦性

反應，要麼出現攻擊行為，要麼採取忽視的態度，要麼認真思考他人批評的可借鑑之處。但對於罪犯來說，被冒犯極易引發他的攻擊行為。最關鍵的是，常人所認為的一點小誤會，在罪犯眼中就會成為別人在故意針對他。

對於罪犯來說，他們所想要得到的尊重就是服從，別人必須百分百按照他的要求去做，一旦表示反對，那就是在冒犯他。正因為這種思維方式讓德尼爾屢次失業。對於德尼爾來說，所有的一切都必須得在他的掌控之中，不然他就要用暴力奪取他人的生命，因為在殺人的過程中，他感到了一切盡在掌握，這讓他覺得很興奮。

為德尼爾進行精神診斷的醫生表示，和德尼爾有相同經歷的人有很多，他們就沒有想過殺人。德尼爾是一個無可救藥的人，他的人格是病態的，根本無法醫治。德尼爾不僅毫無悔改之心，還經常提及殺人的過程，好像能從中獲得快感。如果不將德尼爾關起來，一旦他的快感消失他就會再次殺人。畢竟現實生活無法完全按照德尼爾的期望進行，他只能從殺人中獲得絕對的掌控感。

鬧著要做變性手術的殺手──保羅・查爾斯・德尼爾

出售人肉三明治
——喬·麥瑟尼

出售人肉三明治—喬·麥瑟尼

1996年12月15日，巴爾的摩的警方正在進行一次抓捕行動，嫌疑人是一名500磅重的木材廠工人，名叫喬·麥瑟尼（Joe Metheny），他有逃跑的跡象。執行抓捕任務的警方本以為會和麥瑟尼展開搏鬥，最起碼嫌疑人不會乖乖就範，但麥瑟尼並未抵抗，而是被警方輕易就逮捕了，並對警方說：「我是一個病態的人。」

不久之前，一個名叫麗塔·肯佩爾（Rita Kemper）的妓女向警方報案，她聲稱自己遭到了一名男子的襲擊，而這名男子就是麥瑟尼。根據肯佩爾的證詞，在遇襲當天，麥瑟尼將她拖到車裡，並開始撕扯她的衣服，然後猛烈擊打她的頭部。肯佩爾害怕極了，不停地尖叫求饒。麥瑟尼一點同情的表現都沒有，而是不停地嘲笑肯佩爾。

肯佩爾趁著麥瑟尼轉身的幾秒鐘時間逃了出去，帶著強烈的求生欲望，肯佩爾迅速爬過了8英尺（約244公分）高的

柵欄，柵欄的頂端有許多尖銳的鐵絲，緊挨著柵欄的是一堆高高的木頭，肯佩爾爬過柵欄後，迅速翻過木頭堆，跑到了主幹道上。成功逃脫後，肯佩爾繼續不停地奔跑，直到來到了一個加油站。

麥瑟尼被捕後，很快就接受了審訊。麥瑟尼沒有抵賴，也沒有和警方兜圈子，他主動坦白了自己所犯下的罪行，並且詳細供述了自己所犯下的每一起謀殺案的細節，甚至連陳年舊案也承認了。最後，麥瑟尼向警方表示，他對所犯下的罪行並不後悔。

按照麥瑟尼的說法，他一共殺死了7個人，3男4女，不過可以確定的被害人只有5人。麥瑟尼的第一次殺人是在巴爾的摩南部的一座橋下實施的。那是1994年，他帶著報復的心理開始殺人，然後漸漸喜歡上了殺人所帶來的刺激感。

麥瑟尼是一個卡車司機，有一個普通的家庭，直到妻子開始吸毒後，麥瑟尼的生活開始變得糟糕起來。起初，麥瑟尼希望妻子能戒掉毒品，但他漸漸對妻子失去了信心，他希望妻子能離開自己和兒子的生活，哪怕是付錢也情願。

一天晚上，麥瑟尼加班回家後發現家裡已經空無一人，他的妻子離開了，還帶走了他們6歲的兒子。這讓麥瑟尼十分生氣，他擔心起兒子的處境來。麥瑟尼的擔心沒有錯，6個月後，他打聽到了妻兒的消息。妻子為了毒品和一個混帳

出售人肉三明治—喬·麥瑟尼

在一起生活,這個混帳會為她提供毒品。後來這兩個人因吸毒被逮捕,由於他們涉嫌忽視照顧和虐待兒童,麥瑟尼的兒子被送到了社會服務機構中。

麥瑟尼並未去社會服務機構尋找兒子,而是不停地尋找妻子和那個混帳的下落,他想要復仇,他覺得自己失去兒子,妻子就是罪魁禍首。後來,麥瑟尼從一個人那裡得知,在巴爾的摩南部的一座橋下聚集著許多無家可歸的流浪漢,麥瑟尼的妻子就在其中。

一天晚上,麥瑟尼來到了橋下,他看到了一個妓女,並故意引誘她,他想從這名妓女那裡打聽到自己妻子的下落。妓女在麥瑟尼的引誘下來到了他的拖車上,當麥瑟尼問她是否見過自己的妻子時,妓女表示她不知道。突然,麥瑟尼襲擊了她,將她痛毆一頓,並強姦了她。最後,妓女被麥瑟尼殺害了。麥瑟尼將妓女的屍體放到灌木叢中後就離開了。

很快,麥瑟尼引誘了第二個妓女,她上了麥瑟尼的拖車後就遭到了襲擊。在殺害妓女後,麥瑟尼像處理上一個被害人的屍體一樣,將這名妓女的屍體扔到了一處灌木叢中。不過,麥瑟尼卻注意到一個河邊的釣魚老人一直看著自己,他懷疑老人看到了自己處理屍體的過程,就隨手抓起一根鋼管向老人撲去,老人也被麥瑟尼殺害了。

這一次,麥瑟尼決定將 3 名被害人的屍體用石塊墜到河

裡。處理完一切後，麥瑟尼有點累了，他在河裡洗了個澡，然後開始清理犯罪現場。在麥瑟尼看來，他會殺死這些人，並不是因為仇恨，只是他們恰巧在錯誤的時間出現在錯誤的地方而已。

兩個半星期後，麥瑟尼被逮捕了，罪名是謀殺流浪者。之後的一年半內，麥瑟尼都待在監獄裡等待審判。由於警方沒有找到被害人的屍體，也沒有任何證物，麥瑟尼被無罪釋放了。獲得自由後，麥瑟尼繼續尋找妻子和殺人。在麥瑟尼看來，他謀殺的動機已經變了，由最初的報復衝動演變成了追求對血腥的激情和透過剝奪一個人生命所獲得的壓倒一切的權力感。

麥瑟尼找到了之前所在公司的老闆，此時這家公司已經入不敷出，麥瑟尼成功說服老闆允許自己留在公司，看守公司。接下來，麥瑟尼開始尋找妓女下手。

26歲的金伯莉·斯派瑟（Kimberly Lynn Spicer）在麥瑟尼的引誘下來到了他的拖車上，她被麥瑟尼襲擊並殺害。不久之後，麥瑟尼又殺死了一名妓女。在處理這兩名妓女的屍體時，麥瑟尼並沒有將被害人埋葬或隱藏在祕密的地方，他有了一個更好的處理屍體的辦法，他將屍體帶回了家。

之後，麥瑟尼將屍體肢解並剁碎，他將屍肉放在了冰箱裡，剩下的殘骸則被麥瑟尼埋在了公司後面一片小樹林裡的

出售人肉三明治—喬・麥瑟尼

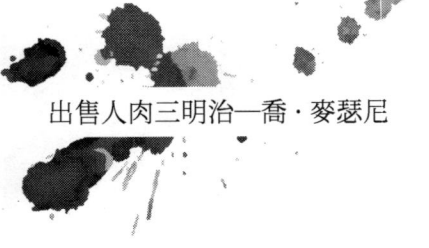

淺坑裡。接下來，麥瑟尼將屍肉與牛肉、豬肉混合在一起，做成了三明治，並利用週末在路邊支起了一個小燒烤攤，開始兜售這些混合人肉、豬肉的三明治。毫不知情的路人、卡車司機和城鎮居民並不知道麥瑟尼所售賣的三明治裡有人肉，他們在毫不知情的情況下吃下了一些人肉。在麥瑟尼看來，人肉與豬肉的味道非常相似，如果將兩者混合在一起，根本沒人能分辨出來。

將人肉三明治賣完後，麥瑟尼開始繼續尋找獵物，這一次他引誘了肯佩爾，不過麥瑟尼並沒成功，肯佩爾逃了出去，並在附近的加油站報了警。這下麥瑟尼暴露了，不過麥瑟尼並未逃跑，而是回去收拾好肯佩爾的衣服，在麥瑟尼拿起鑰匙準備出門的時候，一輛警車出現了。

麥瑟尼在向警方招供完一切後，交代了其中一些被害人屍體的所在地。他向警方表示：「在所發生的一切事情中，唯一讓我感到難過的是，我沒有殺死妻子和她勾搭上的那個混蛋。」

最終，麥瑟尼被判有罪，並被判處死刑。不過這項判決被推翻了，改為兩個終身監禁。2017年8月5日，這是個星期六，麥瑟尼被發現死在了監獄裡。

【讓人上癮的絕對控制感】

　　許多人在了解了麥瑟尼所犯下的罪行後，都會覺得可怕和作嘔，並且會試圖尋找麥瑟尼的犯罪動機。如同麥瑟尼所坦白的那樣，他最初的犯罪動機不過是為了報復妻子，但後來他越來越迷戀殺人所帶來的快感。後來他甚至聲稱自己殺死了10個人，如果不是被逮捕，或許麥瑟尼永遠也不會停止殺人。

　　和許多連環殺手一樣，麥瑟尼渴望權力、渴望一種絕對控制感，為了獲得絕對控制感，他們會不擇手段，甚至是剝奪他人的生命。

　　麥瑟尼將自己看成中心人物，周圍的人必須得聽從他的命令，被他支配或操縱。但顯然，現實生活無法滿足麥瑟尼的這種需求。所以他在殺死了兩名流浪者後體會到了絕對控制所帶來的快感，他從奪取他人生命的過程中感覺到了力量，所以他會不停地透過殺人來滿足自己的這種心理需求。

　　絕對控制感對於連環殺手來說十分重要而且具有成癮性，就像癮君子對毒品的渴望一樣，只能在殺人後才能得到

出售人肉三明治—喬·麥瑟尼

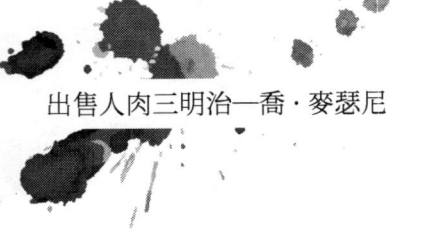

暫時的緩解，永遠不會得到滿足。麥瑟尼每次殺死一個人後，他就好像取得了一場勝利，而那些他所製作的人肉、豬肉混合三明治就是他的戰利品，他將這種特製的三明治兜售出去。麥瑟尼很享受這個過程，他曾對警方說：「如果你下一次在路上碰到一個你從未見過的露天烤肉攤，那麼在吃三明治之前，請想想我的故事，有時候你永遠不知道你可能在吃誰。」這是一件令人毛骨悚然的事情，卻被麥瑟尼說得異常輕鬆，甚至帶著調侃的意味。可見他非常享受這個殺人、賣人肉的過程。

在麥瑟尼向警方坦白自己的罪行時，他並沒有表現出後悔。這是連環殺手所共有的一個特點，在他們看來殺死一個人就如同捏死一隻螞蟻一樣，不需要感到愧疚，只需要好好享受殺人所帶來的壓倒性的控制感即可。

當一個人意識到自己面臨死亡的時候，會十分恐懼，害怕得發抖，甚至會跪下求饒。一個人為什麼會做出這樣的舉動呢？這是一種本能的反應，人是一種能與他人產生共情的群居動物，當一個人出現上述的本能恐懼反應時，另一個人能感同身受，從而生出憐憫之心，饒過對方。

但這只是正常人的反應，像麥瑟尼一樣的連環殺手並不會產生憐憫心理。相反，連環殺手還非常享受對方的恐懼，這對他們來說十分刺激，好像自己完全掌控著對方一樣。

扒火車流竄作案的鐵路殺手──
安赫爾・馬圖里納・雷森迪茲

扒火車流竄作案的鐵路殺手——安赫爾·馬圖里納·雷森迪茲

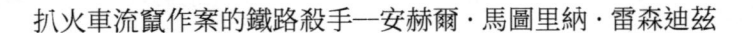

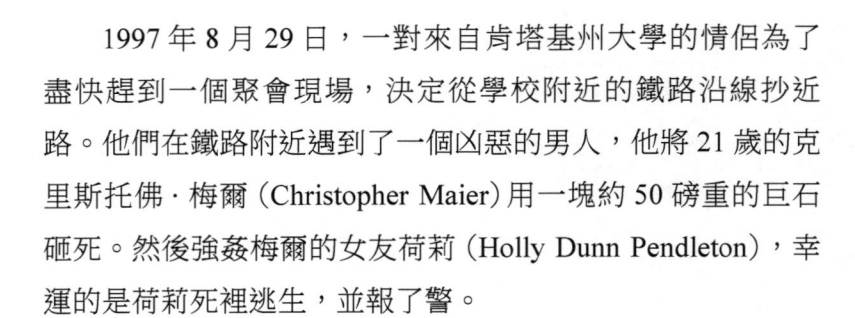

1997年8月29日，一對來自肯塔基州大學的情侶為了盡快趕到一個聚會現場，決定從學校附近的鐵路沿線抄近路。他們在鐵路附近遇到了一個凶惡的男人，他將21歲的克里斯托佛·梅爾（Christopher Maier）用一塊約50磅重的巨石砸死。然後強姦梅爾的女友荷莉（Holly Dunn Pendleton），幸運的是荷莉死裡逃生，並報了警。

該案的凶手就是透過扒火車流竄在美國各州的墨西哥殺人狂安赫爾·馬圖里納·雷森迪茲（Ángel Maturino Reséndiz），被稱為「鐵路殺手」（The Railroad Killer）。從1986年起，雷森迪茲就數次潛入美國境內，屢屢扒火車在各州流竄並沿途製造命案。到1997年，雷森迪茲殺人的次數越來越頻繁，進入了作案高峰期，讓生活在鐵路沿線的居民惶惶不安。

據統計，雷森迪茲至少製造了15起命案，其中在德克薩斯州犯下了8起命案，伊利諾伊州和佛羅里達州各兩起，肯塔基州、加利福尼亞州和喬治亞州各1起。

1998年12月17日，休士頓一名醫生被發現死在了家中，她名叫克勞蒂婭·本頓（Claudia Benton），就住在鐵路附近。屍檢結果顯示，克勞蒂婭的身上有多處刺傷，被人毆打致死，生前遭受過性侵。

1999年5月2日，德克薩斯州的一對夫妻——46歲的

諾曼（Norman J. Sirnic）和凱倫（Karen Sirnic）在家中被人用大錘殺死。

一個月後，法耶特郡再次出現命案，這裡距諾曼家還不到 4 英里。被害人是 73 歲的約瑟芬·康維卡（Josephine Konvicka），在花園中被人用一把鐵鎬殺死。

同一天，26 歲的諾耶咪·多明格斯（Noemi Dominguez）在休士頓的家中被人毆打致死。

上述謀殺案的凶手都是鐵路殺手雷森迪茲。頻頻出現的命案，讓許多美國人都活在鐵路殺手的陰影下，被壓得喘不過氣來。

1999 年 6 月 15 日，伊利諾伊州小鎮戈勒姆出現了命案，被害人是一對父女——80 歲的老人喬治·莫貝爾（George Morber Sr.）和他 51 歲的女兒卡羅琳·弗雷德里克（Carolyn Frederick），他們的住所距離鐵路不到 100 公尺。雷森迪茲早早地在莫貝爾家中埋伏，他等莫貝爾開車出門後，就從窗戶跳進了屋子。等莫貝爾回家後，雷森迪茲輕易地將其制服，並用電話線將莫貝爾綁在躺椅上，拿了一把獵槍打死了莫貝爾。卡羅琳由於來為父親打掃房間，也沒能逃脫雷森迪茲的毒手，雷森迪茲用槍托砸死了卡羅琳，他用力之猛，以至於槍托裂成了兩半。殺人後，雷森迪茲並未馬上離開，他逗留了幾個小時，從容地找東西吃，還翻看照片，瀏覽了當天的

扒火車流竄作案的鐵路殺手——安赫爾・馬圖里納・雷森迪茲

報紙，在房屋內到處閒逛，留下了許多指紋。

在短短兩年內，雷森迪茲殺死了十多個人，被警方和FBI列為十大通緝要犯之一，懸賞金額從最初的5萬美元提升到12.5萬美元。但雷森迪茲是流竄作案[03]，想要抓住他十分困難。雷森莫茲的作案手法簡單而致命，只需要三步即可。第一步，瞄上一列火車；第二步，非法扒火車，隨意地在一個地方下車；第三步，殺人劫財、強姦後再扒火車逃走。雷森迪茲經常在德克薩斯州中部犯罪，不時也會流竄到北部的肯塔基州、伊利諾伊州等地作案。雷森迪茲還很狡猾，為了干擾警方的調查工作，在逃亡中多次換名，光使用過的假名就有20多個。

讓美國警方扼腕不已的是，在1996年6月2日，雷森迪茲被美國邊境巡邏隊抓住，當時雷森迪茲正試圖非法入境。當時針對雷森迪茲的全國通緝令已經發出了，不過由於電腦系統出錯，美國移民局在將雷森迪茲的指紋與照片在網上進行比對後，電腦系統顯示此人紀錄清白。移民局只當雷森迪茲是個非法偷渡者，將此人遣返回墨西哥了事。被遣返後不久，雷森迪茲很快再次成功潛入美國，兩天內，先後在休士頓和伊利諾伊州兩地殺害了兩位婦女及一對父女。

在通緝令上，警方這樣描述雷森迪茲：身高171cm，體

---

[03] 指行為人在一段時間內先後在不同的地方作案。

重 63～67.5 公斤，黑頭髮，棕色眼睛，膚色黝黑，前額、左臂及右手無名指均有傷疤。經常以打零工或做汽修工來掩飾自己的身分。

雷森迪茲顯然已是極具危險性的罪犯，不然他也不會登上十大通緝要犯的名單。美國警方派出了 200 多名警察全天候地在鐵路沿線等待雷森迪茲，但雷森迪茲卻一直沒現身，警方只能另想他法。警方找到了兩個主要人物，決定對雷森迪茲進行誘捕。這是兩個女人，與雷森迪茲的關係十分密切，一個是他的妻子茱麗葉塔·雷耶斯（Julieta Reyes），另一個是他的姐姐瑪略拉（Manuela）。

茱麗葉塔被警方從墨西哥老家請到了美國休士頓。茱麗葉塔在了解了基本情況後，表示願意和警方合作，並主動交出了丈夫寄給她的 93 件珠寶，她知道這些東西都是被害人的。茱麗葉塔的猜測沒有錯，被害人之一諾耶咪·多明格斯的家屬就認出了其中的 13 件物品。

1999 年 7 月 13 日，雷森迪茲終於自首。其中瑪略拉產生了十分關鍵的作用，雷森迪茲正是在姐姐瑪略拉的勸說下才答應自首。這個誘捕方案是德克薩斯州一位年輕警察想到的，他注意到雷森迪茲雖然狂妄，卻十分佩服自己的姐姐，而且說過瑪略拉是他唯一佩服的人。

瑪略拉被警方找到後雖然同意勸說弟弟自首，但提出了

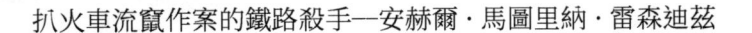

扒火車流竄作案的鐵路殺手——安赫爾·馬圖里納·雷森迪茲

三個條件：一、警方要保證雷森迪茲在獄中的安全；二、警方要准許親屬探監；三、對雷森迪茲的精神進行全面檢查。

答應自首後，雷森迪茲在姐姐的陪同下來到了位於墨西哥的一座跨國大橋上，這是他與警察卡特約定的地點。當卡特看到雷森迪茲出現的時候十分激動，他清楚地記得當時雷森迪茲穿著一條骯髒的牛仔褲和一雙泥跡斑斑的靴子。

很快，雷森迪茲就接受了審判，並被判處死刑，執行日期定於 2006 年 5 月 10 日。不過由於辯護律師提出了做附加心理測試的要求，法官只能將行刑日期延後。辯護律師聲稱，雷森迪茲有精神錯亂，自認半人半神，還說自己在被處死 3 天後可以起死回生，鑑於雷森迪茲的精神狀況異常，辯護律師認為他不適合接受死刑。

在之後的 3 天內，德克薩斯州休士頓地區舉行了聽證會，法官威廉·哈蒙拒絕了辯護律師的意見，批准執行死刑。控方選擇的心理學專家在對雷森迪茲進行了幾個星期的檢查後認為雷森迪茲可能有妄想症，但不是思覺失調症，適合接受死刑。

2006 年 6 月 27 日，這天是雷森迪茲接受注射死刑的日期，被害人家屬們紛紛聚集在德克薩斯州監獄觀看這個惡魔被處死的整個過程，在被注射毒針前，雷森迪茲看著被害人家屬們說：「希望你們能寬恕我，我知道自己讓惡魔統治了我

的生活，你們本不應該承受失去親人的痛苦，這一切都是我罪有應得。」

美國德克薩斯州允許判處死刑，那麼雷森迪茲為什麼要選擇自首呢？有人認為，雷森迪茲害怕被民眾檢舉，畢竟當時他已是全美通緝要犯，警方給出的賞金也很高，為了避免被檢舉，就選擇了自首。

1960年8月1日，雷森迪茲出生於墨西哥。他的母親維吉尼亞表示，在青年時期，雷森迪茲就離開了他，在一個缺少管教的家庭中生活。正因為如此，雷森迪茲的性格才會變得如此殘忍，她還說兒子很可能被同性戀侵犯過。

有人認為，雷森迪茲在製造系列謀殺案以前，已經是個慣犯，很可能從20多歲就開始殺人。美國聯邦調查局前探員約翰·道格拉斯認為，雷森迪茲剛開始只是向和自己一樣的偷渡者下手，後來因多次被美國遣返回墨西哥，雷森迪茲開始變得惱羞成怒，對所有的人都心存怨恨，最終有了殺人的想法。

1976年，年僅16歲的雷森迪茲因試圖非法潛入美國境內被逮捕，兩個月後他被遣返回墨西哥。這是雷森迪茲第一次被美國司法部門抓住。從那以後的數十年，雷森迪茲變得越來越狡猾，多次成功扒火車潛入美國境內並作案。

1979年9月，雷森迪茲因偷竊罪、殺人罪被判入獄20

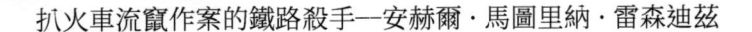

扒火車流竄作案的鐵路殺手——安赫爾·馬圖里納·雷森迪茲

年,之後他一直在邁阿密的監獄裡服刑。在服刑的第 6 個年頭,雷森迪茲被釋放並遣返回國。之後雷森迪茲開始經常非法進入美國境內,就像揮之不去的蒼蠅一般,被抓住遣返後,會繼續非法入境,這樣的戲碼反覆上演了許多次。在 1986～1995 年期間,雷森迪茲因行騙、非法持有武器、入室盜竊等罪名被捕入獄,每次他被關押一兩年就從監獄裡出來了。當時警方只覺得雷森迪茲是個偷竊的慣犯,並未將他與鐵路殺手連繫起來。

【敵意性攻擊和工具性攻擊】

犯罪側寫師約翰・道格拉斯（John Douglas）認為，雷森迪茲是個做事毫無計畫的人，他的作案都是隨性的，什麼時候想進入美國境內了，就扒火車，然後在鐵路沿線地區觀察，尋找下手的目標。正因為這種毫無計畫性，讓警方抓不到他。雷森迪茲會扒上任意一趟列車，就連他自己也不知道這趟列車會開往哪裡，警方很難追蹤這樣一個自己都不知道要去哪兒的人，而且雷森迪茲沒有常住地址。瞄準目標後，雷森迪茲會潛伏到窗外偷看，從而了解房子的主人。

雷森迪茲選擇被害人也很隨意，有男人有女人，也有老人。那麼雷森迪茲的作案動機到底是什麼呢？警方認為雷森迪茲會伸出罪惡的雙手，往往都是為了一些微不足道的東西，比如酒精、毒品、藏身地或一筆小數目的錢。

雷森迪茲的殺人行為是一種極其惡劣的攻擊行為，根據攻擊者的攻擊目標或攻擊的回報，可以將攻擊行為分為兩類，即敵意性攻擊和工具性攻擊。

敵意性攻擊常常伴隨著強烈、失控的憤怒情緒，攻擊者

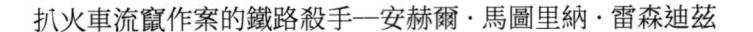

扒火車流竄作案的鐵路殺手——安赫爾・馬圖里納・雷森迪茲

希望看到被害人遭受痛苦。許多殺人犯、強姦犯和故意傷害他人的罪犯都屬於此種類型。

工具性攻擊則帶有目的性，攻擊者希望能從他人那裡獲得自己想要的東西，通常是珠寶、錢財等值錢的東西。當然還有被僱傭殺人的殺手，也屬於工具性攻擊。通常情況下，工具性攻擊不會給他人帶來傷害，因為攻擊者的目的只是為了獲得值錢的東西，但如果有人阻礙他，那麼攻擊者為了達到目的會被迫殺害他人。

有的學者並不認同敵意性和工具性這種劃分方式，認為不應該將攻擊行為一分二，有許多攻擊行為的動機很複雜，具有多樣性，簡單的二分法根本無法解釋一些特殊的攻擊行為，例如雷森迪茲的案例。雷森迪茲的攻擊行為顯然既是敵意性的又是工具性的。他因多次被捕遣返而惱羞成怒，開始對所有的人心存怨恨。而且，雷森迪茲每次殺人後都會從被害人那裡拿走一些東西，例如珠寶。

不斷更新的犯罪
——馬克·埃林·拉斯特

不斷更新的犯罪—馬克‧埃林‧拉斯特

2001年8月，澳洲南部阿得雷德的警方接到一起失蹤案，失蹤者是來澳洲留學的日本學生鈴木惠（Megumi Suzuki），她在8月3日與家人、朋友失去了聯絡。當時警方認為鈴木惠一定是故意失蹤，很可能與一名男子私奔了，由於害怕此舉會讓家人蒙羞，就故意躲了起來。除了警察外，鈴木惠所在學校也召集志工去尋找她，這些人努力了好長時間，都沒能找到鈴木惠的下落。

好幾個月後，奧古斯塔港監獄傳來消息，犯人馬克‧埃林‧拉斯特（Mark Errin Rust）極有可能是殺害鈴木惠的凶手。拉斯特在服刑期間，曾向獄友吹噓自己的殺人經歷，他說自己殺死了一個日本留學生，還將她的屍體扔到了垃圾桶裡。鈴木惠的屍體一直沒有被人發現，警方懷疑她的屍體早已被運送垃圾的汽車運到了垃圾堆點。在之後的一段時間內，大批的警察和志工開始在堆積如山的垃圾場裡尋找鈴木惠的殘骸。

鈴木惠在來阿得雷德留學前，曾在東京認識了一個澳洲的年輕男子，兩人關係不錯，於是鈴木惠就來到了阿得雷德。或許是因為有熟悉的朋友在這裡，鈴木惠很快就適應了在阿得雷德的生活，會在夜晚去酒吧參加一些派對。

8月3日的晚上，鈴木惠獨自去了一趟倫德爾購物中心，從購物中心出來後她就在加油站的服務區購買了一張手

機卡,她還試圖打電話給朋友,打了好幾通電話對方都未接聽,鈴木惠只好放棄,準備搭乘公車回學生公寓。

此時的鈴木惠早已被拉斯特盯上了,他是個計程車司機,專門在晚上利用職務之便尋找落單的年輕女子,而且當時天色已晚,路上沒有任何行人,對於拉斯特來說是絕佳的下手機會。

拉斯特趁著鈴木惠不備襲擊了她,並強行將她拖到了加油站後面的荒地。之後拉斯特準備強姦鈴木惠,並命令她不要回頭看他。鈴木惠或許是聽錯了,就回頭看了一下拉斯特,或許正是這個舉動,讓拉斯特決定殺死鈴木惠。最後拉斯特隨手拿起一塊石頭將鈴木惠砸死,並扔到了垃圾桶裡,而鈴木惠的屍體一直沒有被找到,拉斯特繼續自由地在街上尋找「獵物」。

一天晚上,拉斯特開著車在佩納漢姆地區的肯辛頓路上兜風的時候,發現一個女人獨自在一家商店值班,於是他決定對這個女人下手。拉斯特戴上一個面罩後走了進去,他先切斷電源和電話線,然後用刀子威脅女子不要吭聲、蹲下來、將襯衫脫掉。女子看到了拉斯特手中的刀子,她知道自己不是拉斯特的對手,就開始盡可能地配合拉斯特,完全服從拉斯特提出的任何要求。或許是這名女子很聽話,拉斯特沒有殺死她,而是將她放走了。在逃離前,女子還注意了一

不斷更新的犯罪—馬克·埃林·拉斯特

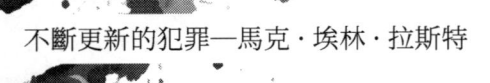

下計程車的車牌號並記在心裡。

獲得自由後，女子立刻報了警，並將拉斯特的車牌號提供給了警方。警方很快就透過車牌號查到了拉斯特的身上。拉斯特在警察局留有大量的案底，通常都是性騷擾案件，他從青少年時期起就有暴露自己生殖器的行跡，警察們對他都很熟悉，只是覺得他是個性騷擾者，但這次的案件說明拉斯特已經不單單滿足於暴露自己的生殖器，他的犯罪行為更新了，從一個性騷擾者變成了一個性侵者。於是拉斯特因性侵的罪名被警方逮捕，並被送進監獄。

拉斯特所服刑的監獄奧古斯塔港在阿得雷德的最北部，距離他的家鄉很遠。他被允許攜帶一些個人物品，拉斯特則選擇了一個 CD 播放器，而這個 CD 播放器就是他在殺死鈴木惠後從她的包裡拿來的，並被他當作戰利品儲存起來。在監獄中，拉斯特會時不時地用 CD 播放器聽歌，還會向獄友吹噓自己殺死鈴木惠的過程。獄友很驚訝和恐懼，於是就報告了此事，監獄方立刻重視起來。CD 播放器上的序列號可以證明這是鈴木惠所有，而且購買地是東京。

鈴木惠並不是拉斯特殺死的第一個人，他第一次殺人是在 1999 年 4 月 12 日的夜晚，被害人是一個名叫瑪雅·亞基奇（Maya Jakic）的女人。在此之前，拉斯特只是一個性騷擾者，會尾隨年輕女子，趁其不備突然跳出來暴露自己的生殖器。

拉斯特患有克林裴特症（Klinefelter's syndrome），也稱為先天性睪丸發育不全。克林裴特症簡單來說就是男子多了一條 X 染色體，男性的染色體通常為 XY，而克林裴特症患者的染色體是 XXY，具體表現就是生殖器小、臀部渾圓，尤其在青少年時期特徵更為明顯。對於此類患者來說，這些特徵會為他們的生活帶來許多尷尬，他們會想盡辦法來掩蓋自己的這些特徵，但拉斯特卻絲毫不準備隱瞞自己的狀況，還到處進行炫耀，例如在公共場合對異性暴露自己的生殖器，後來發展成當眾自慰。

從 13 歲起，拉斯特和所有的男孩一樣開始對鎮上的年輕女孩感興趣，並開始有性幻想。但拉斯特與普通男孩不同，他會尾隨女孩。對於普通男孩來說，對女孩產生性幻想是一種非常正常的現象，但跟蹤女孩的行為卻很少見，因為這是一種非常具有威脅性的行為，會讓被跟蹤者覺得危險。後來拉斯特開始暴露自己的生殖器或者表演自慰，他很享受這種性行為所帶來的刺激，尤其是看到受害者臉上的驚恐和厭惡表情時，刺激感會更加強烈。

拉斯特屢次因性騷擾被警方逮捕，警察們都覺得他的精神有問題，於是就把他送到阿得雷德皇家醫院進行精神檢查。專家在和拉斯特進行了數次面談後，覺得拉斯特在將生殖器暴露給女性看的時候，會從她們的反應中獲得喜悅感，

不斷更新的犯罪—馬克・埃林・拉斯特

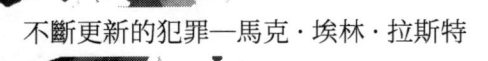

這也可以說明拉斯特對她們缺乏同情，不然他不會從自己所製造的震驚、恐懼反應中得到快樂。拉斯特對女性的態度是憎惡的，他雖然有過幾個女友，還和她們約會過，一旦拉斯特和對方結束了男女朋友關係，他就會開始憎惡對方。

除了性騷擾案件外，拉斯特還在 1993 年犯下了一起嚴重的縱火案，他縱火的地點是阿得雷德肯辛頓地區，一共造成了 50 萬澳元的損失。在因縱火罪服刑期間，拉斯特一直和哥哥史蒂芬保持著通信。在信中，拉斯特提到了自己所犯下的性騷擾案件，但卻從未表達對受害者的愧疚，他只是在不斷強調自己的感受，自己如何在性騷擾案件中獲得喜悅感和刺激。

瑪雅在遇害的當晚，心情很糟糕，她有暴食症，和父母的關係非常緊張，在不久前和父母大吵了一架後就離開了家，搬到了格萊內爾格，由於無錢租房，瑪雅只能睡在海灘上。

當時瑪雅正在潘納漢姆路上散心，拉斯特立刻注意到了瑪雅，他將車停在瑪雅身邊，並提出搭載她一程。瑪雅沒有理會，繼續向前走著。拉斯特氣急了，就開車超過瑪雅，然後停車，從車上走下來，突然轉身朝著瑪雅走去，在接近瑪雅後，拉斯特像往常一樣突然露出自己的生殖器。拉斯特本以為瑪雅會驚恐和憤怒，誰知瑪雅卻看著他的生殖器大笑起來，似乎在嘲笑他。

瑪雅的反應立刻激怒了拉斯特，他朝著瑪雅撲了過去，並將瑪雅拖到了廢棄警察局旁的灌木叢中，他想要強姦瑪雅。這是拉斯特第一次對女性進行實質性的攻擊，在此之前他只是騷擾女性。拉斯特是個計程車司機，對附近的街道十分了解，知道附近有個荒廢了許久的警察局，而且沒有安裝鏡頭，還有許多陰暗的區域，開車經過的人根本看不到陰暗區域裡發生了什麼。

　　就在此時，拉斯特尷尬地發現他無法勃起，這讓拉斯特惱羞成怒，於是他殺死了瑪雅，並用樹葉、樹枝掩蓋住瑪雅的屍體。

　　在那天夜晚，阿得雷德應急站接到了一通匿名的報警電話，報案者就是拉斯特。拉斯特說，他發現廢棄警察局的灌木叢裡好像有個女人一動也不動地倒在那裡，就像一具屍體。警察立刻按照拉斯特指示的地點展開搜查，但他們沒有發現瑪雅的屍體。於是拉斯特只好開車去了阿得雷德皇家醫院，並在附近的電話亭撥打救護車的電話，告訴救護人員有個女人需要救助。但瑪雅的屍體依舊沒有被發現。

　　這通報警電話被錄了下來，拉斯特的聲音也成了破案的關鍵。當拉斯特因性侵罪被捕入獄後，負責瑪雅遇害案的警察公布了這段錄音，希望民眾能為警方提供線索。拉斯特的哥哥史蒂芬當時剛剛回國，他透過看新聞聽到了這段錄音，

不斷更新的犯罪—馬克·埃林·拉斯特

他覺得這個聲音就是拉斯特的,於是報警檢舉了拉斯特。

在殺死瑪雅後的幾天,拉斯特發現警方還沒有發現瑪雅的屍體,於是就想主動向警方報告屍體所在地。他寫了一張紙條,然後將紙條壓在巡邏警車的雨刷下面。巡警發現紙條後,立刻按照上面的地點進行搜查,於是就發現了瑪雅的屍體,而紙條也成為日後指證拉斯特的關鍵證物,專家證實紙條上的字跡與拉斯特的字跡相吻合。

第一次殺人後,拉斯特就迷上了殺人所帶來的刺激,他開著計程車在街上到處尋找落單的女性,會重點觀察在公車站等待巴士的女性。一天夜晚,拉斯特注意到有個女人停了車,然後從車上下來去使用ATM,拉斯特就尾隨在她身後,突然跳到女子的面前露出自己的生殖器,在女子震驚的時候抱住了她。

幸運的是,這名女子用力掙脫了拉斯特的控制,並迅速回到車裡,將車門關上,倒車離開了。回到家後,女子將自己的遭遇告訴了男友,在男友的陪同下她來到警察局向警察說明情況。於是拉斯特因襲擊罪被捕。但拉斯特並沒有在監獄待多久就被放了出來,之後他繼續當計程車司機,伺機尋找落單女子,於是鈴木惠被他殺害。

最終拉斯特因謀殺瑪雅和鈴木惠被判處兩項終身監禁,還有一項強姦罪被判處12年監禁。在聽到這一判決結果時,

拉斯特顯得很平靜,沒有任何情緒波動。在監獄裡,拉斯特是個難於管教的犯人,好鬥而暴力。2015 年,拉斯特申請假釋,他在申請報告中表示,自己已經上了受害者移情課,已經對所犯罪行感到後悔,應該被假釋出獄。但主持聽證會的法官卻認為拉斯特會對社會產生威脅,拒絕了他的假釋申請。

不斷更新的犯罪—馬克·埃林·拉斯特

【具有報復指向的犯罪】

拉斯特患有克林裴特症,不論是小的生殖器還是渾圓的臀部,對於拉斯特來說一定是尷尬的,這些特點削弱了他的男性特徵,但他卻無法改變,於是當他因此受到外界的嘲笑時,一定會將所有的原因歸結到他人身上。拉斯特曾交往過幾任女友,但最終都分手了,他的女友們一定發現了他的克林裴特症,甚至可能還嘲笑了他,所以拉斯特才會憎恨女友。他無法讓自己從外形上變得更具有男性特徵,於是就只能將錯誤歸結到女友身上。當一個人將自己所遇到的問題的原因都歸結到他人身上時,他就很容易對他人產生憤怒和仇恨。

拉斯特的暴露癖也有報復的嫌疑,他屢次因克林裴特症在女人那裡遭受挫折和失敗,所以拉斯特就將生殖器暴露在一些女人面前,然後欣賞她們的驚恐和厭惡,並從中感受刺激和興奮。

拉斯特在盯上瑪雅時,提出了要搭載對方一程,卻被瑪雅拒絕了。對於拉斯特來說,這種拒絕應該十分常見,但他卻被激怒了,他不覺得自己的要求是無禮的,他只覺得瑪雅

冒犯了自己，他將所有的責任都推到瑪雅身上。於是拉斯特報復性地在瑪雅面前展示自己的生殖器，他想看到瑪雅的驚恐表情，這樣能達到報復的目的，但瑪雅卻嘲笑了他。

拉斯特報復的目的不僅沒達到，反而怒火中燒，他強行將瑪雅帶到廢棄警察局的灌木叢中，他想透過強姦對瑪雅製造痛苦，但他的目的依舊沒達到，他無法勃起，拉斯特再次遭到了瑪雅的嘲笑。這種接連的刺激讓拉斯特產生了十分強烈的報復念頭，他殺死了瑪雅。

拉斯特並未因殺人而感到愧疚，因為他覺得這是合理的，他是在教訓瑪雅對自己的嘲笑，讓她感受一下自己的痛苦。其實拉斯特從未審視過自己，他將所有的責任都推給其他人。例如拉斯特在寫給哥哥史蒂芬的信件中，一直在強調自己的感受。

在殺死鈴木惠時，拉斯特本來是命令鈴木惠不要回頭，但鈴木惠聽錯了，就回頭看了他一眼。這顯然不是一種冒犯，但在拉斯特的眼中卻並非如此，他一定覺得鈴木惠是在挑釁，於是他決定殺了她，然後將她的屍體像丟垃圾一樣扔到垃圾桶裡。

拉斯特的被捕是因為一名女子的報案，在性侵該女子前，拉斯特已經殺死了兩個女人，但他卻沒有殺死這名女子，因為女子完全配合了他的性要求，在整個過程中拉斯特

不斷更新的犯罪─馬克·埃林·拉斯特

沒有覺得自己被冒犯,於是就放走了她。

對於一個正常人來說,在遇到麻煩和挫折的時候,通常會從外部和自身尋找問題。但在具有報復指向的罪犯那裡,他會將個人所經歷的失敗和痛苦通通歸結到外部和他人身上,讓他人來承受自己的憤怒和仇恨。他從不覺得這是錯誤的,甚至是在犯罪,他自認為這很合理,他只強調和在乎自己的感受,哪怕是再小不過的事情也會激起沖天的怒火,為了讓對方也體驗一下自己的痛苦,他會教訓對方,而教訓的方式極有可能就是殺人。

到豪華飯店去殺人
—— 頌吉·蓬普旺

到豪華飯店去殺人—頌吉・蓬普旺

2005 年 1 月 30 日上午 9 點左右，泰國穆達漢警察局接到一通報案電話。普洛伊宮飯店的服務員在打掃 609 號房間時，在廁所的浴缸裡發現了一具全身赤裸的屍體。警官派羅・泰普查立刻帶著一些警察趕到了飯店。

死者是一名女性，面部朝下死在浴缸裡，她的脖子上有十分明顯的瘀青，泰普查認為死者是在被凶手掐死後綁起來並扔到了浴缸裡。警方在搜查房間的時候，找到了幾根頭髮和一些指紋。屍檢結果顯示，被害人的體內有精液，但並未遭受強姦。當警方將案發現場發現的頭髮、指紋和精液輸入犯罪資料庫後發現，沒有能與之相匹配的數據。

死者的身分很快得到了確認，她名叫瓦魯妮・賓巴布（Warunee Phimphabutr），25 歲，在一家酒吧當駐唱歌手。瓦魯妮來自一個貧困的家庭，有 5 個兄弟姐妹，全家的生活全靠她一人的經濟收入。為了養活家人和自己，瓦魯妮除了唱歌外，偶爾也會賣淫。

據瓦魯妮的同事和朋友反映，在瓦魯妮遇害的那天晚上，她曾想將自己的機車送給弟弟妹妹，因為他們每天都得步行 5 公里去上學。瓦魯妮還提到她要去陪一個客人，那個客人來自曼谷，是個歌手經紀人，他很看好瓦魯妮的潛力，想要將她培養成一個當紅歌手。瓦魯妮非常動心，她覺得這是一個難得一見的翻身機會。但之後瓦魯妮再也沒有出現在酒吧裡。

普洛伊宮飯店的入住紀錄顯示，609房間的登記人是個名叫頌吉・蓬普旺（Somkid Pumpuang）的男子，在午夜時分帶著瓦魯妮來到了飯店。第二天清晨，蓬普旺來到櫃檯將房間退掉。到了9點左右，服務員進入609房間打掃，然後就看到了瓦魯妮的屍體。

警方還了解到，這個名叫蓬普旺的男子並非經紀人，他自稱是一家攝製公司的職員，正負責一部紀錄片的拍攝，拍攝內容主要與穆達漢歷史和旅遊業有關。後來警方在調查的時候發現，這家公司根本不存在。而且飯店也沒有監控錄影，警方只能從頌吉・蓬普旺這個名字入手調查。

在泰國，頌吉・蓬普旺是個十分普通的名字，有許多人都叫這個名字。為了縮小調查範圍，警方讓飯店員工仔細回憶了蓬普旺的相貌和口音，最後將嫌疑人鎖定在30～45歲之間，而且認為他很可能來自泰國南部。於是警方著重調查了5個名叫頌吉・蓬普旺的人，但案件依舊毫無進展。

一個半月後，泰普查參加了一個在泰國東北部召開的偵查技術研討會。會上，泰普查提到了瓦魯妮遇害案。一個名叫查德・良桑廣的警察在聽到頌吉・蓬普旺這個名字的時候突然覺得很熟悉。於是良桑廣就向泰普查仔細了解了瓦魯妮遇害案。回到曼谷後，良桑廣開始查閱卷宗檔案。7天後，良桑廣查到了頌吉・蓬普旺因作偽證被捕的檔案，檔案中有

到豪華飯店去殺人—頌吉・蓬普旺

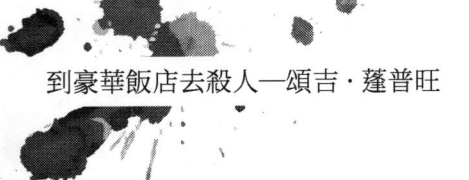

蓬普旺被關進監獄時的照片和手寫字跡樣稿。

由於當時泰國各地警察局只能負責所管轄地區的案件，所以良桑廣便將蓬普旺的照片和手寫字跡樣稿發給穆達漢警方。穆達漢警方將照片和字跡作為重要線索展開了調查，希望能將這些數據與犯罪嫌疑人匹配起來。但穆達漢警方努力了兩三個月，結果還是一無所獲。

就在這時，泰普查在看報紙的時候，得知距離穆達漢700公里外的泰國南邦出現了與瓦魯妮遇害案十分相似的一起命案。被害人是一名34歲的女按摩師，名叫蓬潘・舒普寨（Phongphan Sapchai），死在了飯店的房間裡，同樣是被凶手掐死，而且手機和戒指都不見了，瓦魯妮死後她的手機和機車也不見了。據飯店工作人員反映，與蓬潘一起入住飯店的是個男人，入住登記的名字是褚查・金鎬。

泰普查立刻與南邦的警方取得了聯絡，告知當地警方穆達漢也發生了一起相似的命案，他認為凶手極有可能是同一個人，並和南邦警方分享了所掌握的線索。泰普查希望他們能與南邦的警察合作抓捕凶手，但在當時這是一件十分困難的事情，因為不同地方的警察很少進行合作，除了曼谷的泰國皇家警察外，泰國其他地方的警方沒有核心的管理機構。

很快第三起凶殺案在曼谷以南1,000公里的董里發生了。被害人是39歲的女按摩師帕扎莉・阿瑪塔尼朗（Patcharee

Amatanirand），遇害前一天曾和蓬普旺一起入住了案發的豪華飯店，蓬普旺登記所用的是假名那榮·尼奈。與之前的被害人一樣，帕扎里的手機和錢都被蓬普旺拿走了。

不久，泰國皇家警察收到了烏隆塔尼警察局發來的一起凶殺案犯罪嫌疑人的監控錄影。在烏隆塔尼的一家豪華飯店裡發生了一起凶殺案，被害人名叫蓬塔萬·龐克布（Porntawan Pangkabutr），是一名37歲的女按摩師。在遇害之前，蓬塔萬與一名男子入住飯店。凶手將蓬塔萬掐死後，拿走了她的手機和首飾。與之前兩起凶殺案不同，這家飯店裡安裝了監控鏡頭。

泰國皇家警察在觀看了這段錄影後，認出男子就是頌吉·蓬普旺。局長維奈·通松意識到這四起凶殺案可能都是蓬普旺一人所為，為了盡快將蓬普旺這個連環殺手抓捕歸案，通松立刻成立了專案組，並且讓發生凶殺案的各地警察局相互分享案件線索。

專案組在研究了這四起凶殺案後發現，蓬普旺是個十分擅長行騙的連環殺手，例如他會在入住飯店的時候使用假名或虛假地址。透過和蓬普旺打過交道的良桑廣的回憶，蓬普旺是個沒有固定收入的流浪漢，以他的經濟條件根本住不起豪華飯店。顯然，蓬普旺是在將被害人殺死後，搶走了被害人的財物。被害人之所以會輕易和蓬普旺來到飯店房間，

到豪華飯店去殺人—頌吉・蓬普旺

是因為蓬普旺十分擅長偽裝,他會偽裝成一個有錢的魅力男人,從而誘使女按摩師或女歌手進入他的死亡陷阱。

就在專案組搜集案件線索時,新的凶殺案又出現了,這次的命案發生在距離曼谷 270 公里的呵叻。被害人是一名女按摩師,名叫頌蓬・平彭皮羅(Sompong Pimpornpirm),她的屍體在一家汽車旅館內被人發現,與之前的被害人一樣,頌蓬隨身攜帶的財物也不見了。

至此,蓬普旺在短短的 5 個月內已經殺死了 5 名女性,而後 4 名女性都是在 3 週內被殺害的。

為了避免悲劇再次發生,專案組在全國釋出了對蓬普旺的通緝令,還提醒飯店、酒吧和按摩店的工作人員提高警惕。就在專案組苦心尋找蓬普旺的下落時,蓬普旺突然使用了第 4 名被害人的手機卡。根據這條線索,警方找到了猜也蓬的一名女子和孔敬的一位老人。這張手機卡的通訊紀錄顯示,蓬普旺曾和這兩個人通過電話,而且專案組還發現這兩個人是父女關係。專案組由此推測,蓬普旺與這兩個人的關係一定非比尋常,於是專案組派了一些人去兩地蹲守。

猜也蓬距離曼谷 340 公里,而與蓬普旺關係密切的女子是位中年女子,名叫凱欣萬・皮安查亞蓬,她的丈夫已經去世很多年了,她獨自一人帶著兒子討生活,平常以開車為生。除了開車外,凱欣萬還會利用閒暇時間在家糊紙盒,為

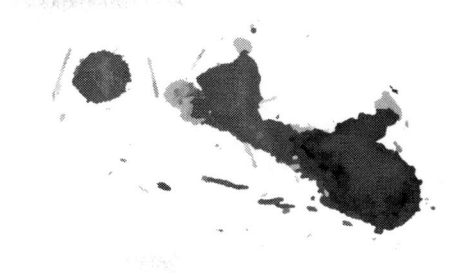

家裡增加一點收入。

2003年的一天,凱欣萬到寺廟附近攬客,當時蓬普旺正好在附近下棋,後來他乘坐了凱欣萬的車,兩人因此認識。之後凱欣萬一直與蓬普旺保持聯絡。

在凱欣萬看來,蓬普旺是個不錯的男人,看起來彬彬有禮,十分紳士,還很關心她,而且會時不時地送給她一些首飾、手機之類的禮物。不過,蓬普旺似乎是個大忙人,經常在好幾個地方輾轉,很少和凱欣萬在一起,通常許多天甚至幾個月才會來凱欣萬家一次。對此,蓬普旺的解釋是,他的工作得經常出差,沒有那麼多時間在一個地方安穩地居住下來。

在瓦魯妮遇害後不久,蓬普旺送給了凱欣萬一輛機車。蓬普旺告訴凱欣萬,這輛機車是他從一個朋友那裡買的。凱欣萬十分開心,於是就帶蓬普旺去孔敬看望自己的父親,並將蓬普旺介紹給了自己的父親。

作為一名曾與蓬普旺打過交道的警察,良桑廣也加入了專案組,他在得知蓬普旺與凱欣萬有聯絡後產生了一種十分強烈的直覺,他覺得蓬普旺一定和凱欣萬在一起,或者會去找凱欣萬,於是他向上級申請到猜也蓬去逮捕蓬普旺。

2005年6月29日,良桑廣和一些警察來到了凱欣萬家附近。當警方拿著蓬普旺的照片詢問凱欣萬的鄰居時,鄰

到豪華飯店去殺人——頌吉・蓬普旺

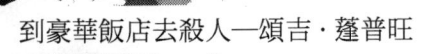

居告訴警方，蓬普旺正是凱欣萬的男朋友，而且就住在凱欣萬家。於是警方將警車停在路邊後，悄悄將凱欣萬的家包圍了。良桑廣敲了敲凱欣萬的家門，開門的是凱欣萬。

當3名武裝警察衝入凱欣萬的家時，發現蓬普旺正躺在床上看電視，而電視裡正在播放一則新聞，是泰國最近多地發生的凶殺案。當蓬普旺看到警察後，沒有一點逃跑的意思，靜靜地等著警察將自己抓走。而凱欣萬則十分震驚和恐懼。警方還在凱欣萬的家裡發現了被害人的首飾和手機。

警方從凱欣萬那裡了解到，蓬普旺每隔一段時間都會在她那裡居住一段時間，最長的一次住了兩三個月。蓬普旺每次回來時，都會送給她一些首飾或一部手機。在6月29日這天，凱欣萬和蓬普旺吃過晚飯後就靠在床上看電視，當時電視上正播放一起連環凶殺案的新聞，還有嫌疑人的照片。凱欣萬發現嫌疑人和蓬普旺長得很相像，於是就開玩笑說：「這個凶手和你長得好像啊！」誰知，蓬普旺卻十分生氣。就在這時，凱欣萬聽到了敲門聲，於是警察衝了進來。凱欣萬一直不知道蓬普旺——這個她準備託付後半生的男人居然是個連環殺手。

6月29日晚上，通松局長在一個新聞釋出會上公開表示，連環凶殺案的凶手蓬普旺已經被警方抓獲。此外，警方還向媒體展示了大量的物證，例如6張電話卡、一個錢包、一張飯店房門卡和一疊火車票、一些首飾和手機。這些物品

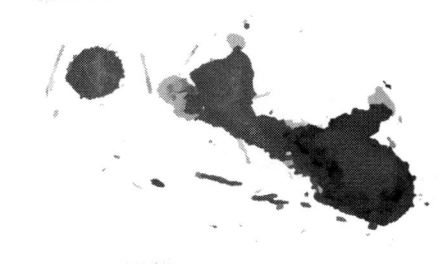

都是從凱欣萬的住所搜來的。

　　被捕的蓬普旺被送到泰國皇家警察那接受訊問。審訊過程中，蓬普旺承認了4起凶殺案，但否認殺死了董里的帕扎莉·阿瑪塔尼朗。在通松局長看來，蓬普旺之所以不願意承認殺死了帕扎莉·阿瑪塔尼朗，是因為他自己就來自董里。之後，蓬普旺接受了心理評估，不過評估的結果並未公開。

　　最終，法院認定蓬普旺4項謀殺罪名成立，應被判處死刑。不過由於蓬普旺主動認罪並配合警方工作，最終被判終身監禁。

　　蓬普旺在5歲時失去了母親，與父親生活在一起。由於蓬普旺總愛惹是生非，他的父親不願意繼續撫養他，於是就將他扔給了叔叔撫養。隨著年齡的增長，蓬普旺變得越來越難以管束，甚至因偷竊被學校開除。

　　離開學校後，蓬普旺變得更加任性妄為，在犯罪的道路上越走越遠，屢次犯下詐騙罪和偷竊罪。16歲時，蓬普旺不願意再被叔叔管教，於是就離家出走。從那以後，蓬普旺再也沒和叔叔見過面，也從不和叔叔聯絡。

　　在之後的20年內，蓬普旺成了社會上的流浪人員，到處借錢、詐騙，也多次因詐騙、偷竊、販毒被警方逮捕。蓬普旺沒有穩定的職業，他無法長時間做一份工作。後來，蓬普旺開始作偽證賺錢。

到豪華飯店去殺人—頌吉・蓬普旺

在犯下殺人案之前,蓬普旺曾因作偽證被捕入獄。在剛剛開始接受審訊的時候,蓬普旺表現得十分配合,和審訊警察之間的交流進行得十分順暢。當審訊進行了一半的時候,蓬普旺突然向警方提出了一個奇怪的要求,他要警察去紅燈區幫他找一名妓女。面對這個奇怪且無禮的要求,警察直接拒絕了。後來,蓬普旺因作偽證被判入獄 6 個月。

【無法忍受工作的罪犯】

每個人在步入社會後都需要一份工作，因為我們需要一份工作安身立命。在找工作的時候，每一個人都會選擇和接受一份與自己能力相匹配的工作。但對於像蓬普旺這樣的罪犯來說，工作意味著無聊和受奴役，因此他寧願透過詐騙、盜竊和販毒等手段獲得財物，也不願意去找一份穩定的工作。

每個人都希望能找到一份自己喜愛的工作，能充分享受工作帶給自己的樂趣。但很多人發現，這個願望往往會受到各種因素的限制而無法實現，例如許多人都飽受枯燥工作的折磨。但對於一個正常人來說，他會選擇忍耐，努力完成上級所交代的任務，從而獲得薪酬。透過自己付出的時間和努力，得到自己應得的回報，這是所有正常人的想法，但蓬普旺不會這樣想。對於蓬普旺來說，他不願意付出努力，也不願意忍耐，他想跳過痛苦的過程，直接去享受成果。於是蓬普旺一直在流浪，沒有一份穩定的工作，透過詐騙、盜竊等犯罪行為來獲得金錢。

到豪華飯店去殺人—頌吉・蓬普旺

與許多連環殺手一樣，蓬普旺很早就開始犯罪，而且屢次因犯罪被捕入獄。表面上看起來，蓬普旺是不知悔改。實際上，蓬普旺有一個膨脹的自我，他對自我能力的認知決定了他如何看待工作。與許多罪犯一樣，蓬普旺也渴望能有一份高薪工作，能輕易得到豐厚的薪資和成功。

現實情況卻是，蓬普旺不具備相應的工作能力。對於一個想要獲得高薪資的人來說，他首先得接受過良好的教育，然後擁有工作經驗。這些條件蓬普旺都不具備。這就決定了蓬普旺的處境與他所期望的目標嚴重不符，而在他看來，自己根本不應該做這樣辛苦而無聊的工作，於是蓬普旺選擇透過犯罪來獲得經濟收入，後來他發現犯罪可以讓自己生活得很好。對於像蓬普旺這樣沒有穩定經濟收入的人來說，入住豪華飯店是根本不可能的，但他可以透過殺人劫財來實現，還可以拿著從被害人那裡劫來的首飾、手機去討好自己的女朋友凱欣萬。

在監獄裡舉行婚禮
——馬克·古多

在監獄裡舉行婚禮——馬克·古多

2005年12月12日,美國鳳凰城的警方接到報案,有人在路上發現了一具女屍。被害人名叫緹娜·華盛頓(Tina Washington),39歲,在幼稚園工作,下班回家的路上被人殺害。據目擊者反映,他看到了凶手的背影,是個身材高大的黑人。

2006年2月20日,38歲的羅梅利亞·巴爾加斯(Romelia Vargas)和34歲的米爾納·羅曼(Mirna Palma-Roman)被人射殺。兩人遇害的地點正好發生了毒販火拚,警方以為兩人是在毒販火拚時被誤殺了。直到凶手被捕後主動交代了這起案件,警方才恍然大悟。

3月15日,鳳凰城再次發生命案,這次有兩人被射殺,她們的屍體被丟在兩家速食店的後面,相距1英里。

3月29日,一個名叫克莉絲汀·妮可·吉本斯(Kristin Nicole Gibbons)的女子失蹤了。一週後,克莉絲汀的屍體被人發現,她在遭受了強姦後被人殺害。

6月30日的早上,一家理髮店的員工在倒垃圾的時候發現了一具女屍,立刻報了警。被害人是37歲的OL卡曼·米蘭達(Carmen Miranda),遇害時間是前一天晚上,她在被凶手強姦後殺害。

接連發生的命案,讓鳳凰城的女人們陷入了前所未有的恐懼之中,她們都擔心自己可能會成為下一名被害者。

雖然有目擊者看到過凶手，但由於凶手在作案時總是戴著面具或假髮，這讓警方的調查工作進行得十分緩慢。2006年9月，警方才將犯罪嫌疑人的畫像釋出出去，一名假釋官看到畫像後立刻想起了一個因搶劫坐過牢的人，於是假釋官就對警方說，畫像上的人是馬克·古多（Mark Goudeau），警方立刻將古多列入了嫌疑人之列。

警方很快將古多逮捕，並對他的住所進行了徹底的搜查。警方找到了大量的可疑物品，例如疑似凶器的手槍。最後DNA檢測結果顯示，古多就是製造這一系列強姦殺人案的凶手。隨後，古多也承認了自己所犯下的罪行。在古多所供述的罪行中，除了上述的強姦殺人案，還有兩起強姦案。

其中一起強姦案發生在2005年的8月6日，被害人是3名少女，其中最大的15歲，最小的只有12歲。3名少女在被強姦後就到警察局報案，她們告訴警方，強姦犯是個身材高大的黑人，不過他戴著面具，她們無法看到他的長相。她們被該男子挾持到一座教堂後，遭受了強姦。

另一起強姦案發生在2005年的9月20日晚上10點半，

在監獄裡舉行婚禮—馬克·古多

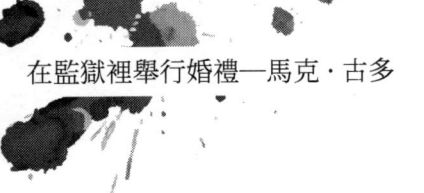

被害人是一對姐妹，其中姐姐還懷著身孕。當時姐妹二人一起外出，去超市買東西，從超市出來後就準備回家，結果走了沒多長時間就被古多劫持了。由於姐妹二人反抗得非常激烈，古多一時無法得手，於是他就將槍抵在懷孕的姐姐的肚子上，並警告妹妹，不要再反抗，否則就將姐姐打死。妹妹果然放棄了反抗，古多在強姦了妹妹後，又強姦了姐姐，最後將這姐妹二人放走了。姐妹二人等古多離開後，立刻去了警察局報案。在警方的安排下，姐妹二人接受了檢查，醫生從她們體內提取到了古多留下的精液，這一重要證據在古多被捕後成為關鍵性的指控證據。

2007年12月4日，古多因強姦罪被判處438年監禁；因數起殺人罪、強姦和搶劫罪被判處9個死刑外加1,100年監禁。

1964年9月，古多出生於一個糟糕的家庭。古多的父親威利是個酗酒、暴力的男人，還總是抽大麻。威利對待孩子的態度十分惡劣，家裡的孩子眾多，古多是家裡的第12個孩子，為此威利制定了許多家規，孩子們必須嚴格遵守，不然就會遭到父親的一頓毒打。

古多的父母在第13個孩子出世後不久就離婚了，母親得到了所有孩子的撫養權。對於一個單身的中年女子來說，一下子撫養13個孩子，是一件十分困難的事情。在古多12歲

的時候，他的母親去世了。

沒有了唯一的支柱，這個家立刻變得支離破碎，13 個孩子，年齡小的被社區安排送去了福利院，年齡大的則到社會上自謀生路，找工作養活自己。

12 歲的古多因此輟學到社會上混日子，由於年齡很小，古多找不到什麼正經的工作，漸漸地，他開始走上犯罪的道路。起初，古多只是偷東西，後來發展成了搶劫。再後來古多就慢慢染上了酗酒、吸毒的毛病。

18 歲時，古多第一次被關進了監獄，罪名是醉酒駕駛和非法入侵。本來古多還被人起訴強姦，但由於證據不足，他並未獲刑。在監獄裡待了 3 個月後，古多就被放了出來。

24 歲時，古多認識了一個名叫溫蒂·卡爾（Wendy Carr）的女人，兩人很快發展成了戀人關係。不過溫蒂並未將古多從犯罪的道路上拉回來，在 1989 年古多再次被警察抓走了。

在被抓捕的時候，古多剛剛強姦了一名女子，他用手槍將女子敲暈後，就準備將女子扔到大海裡了事。此時兩名路人看到了這一幕，就上前制止了他，然後報了警，警方立刻趕來將古多抓捕。

在審訊過程中，古多很快坦白了罪行，還交代了另外 3 起襲擊案和一起搶劫案。最終，古多因數罪併罰被判了 21 年監禁。

在監獄裡舉行婚禮──馬克·古多

儘管古多已經被關進了監獄，但溫蒂並未拋棄古多，她不僅會到監獄裡探望古多，還與古多在監獄裡舉行了婚禮，古多受到了許多獄友的祝福。在監獄裡，古多表現得很不錯，是個模範犯人，因此在 2004 年就獲得了假釋。

出獄後，古多和溫蒂來到了鳳凰城生活。古多在一家建築公司找了一份工作，每天早出晚歸去工作，和許多普通男人一樣。在鄰居們看來，古多是個憨憨傻傻、規規矩矩的男人。但這只是表面的和諧罷了，實際上古多一直有十分強烈的犯罪衝動，他想要去搶劫和強姦，最終古多終於無法抑制這股邪惡的衝動，犯下了性質十分惡劣的連環強姦殺人案。對於古多所犯下的所有罪行，溫蒂和鳳凰城的居民們一樣毫不知情，在古多被捕後才得知這一切。

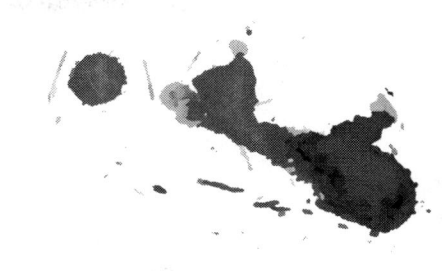

【當犯罪成為生活的方式】

　　古多曾因**襲擊**、**搶劫罪**被判了 21 年監禁，但他卻被提前放出了監獄，在 2004 年就獲得了假釋。這是因為假釋官認為古多已經發生了改變，他在監獄裡表現得不錯，會遵守監獄裡的規矩，甚至會表現得十分順從，看起來完全有能力適應社會生活。假釋官的判斷不無道理，古多出獄後不僅找到了一份工作，他身邊還有一個對他不離不棄的女人溫蒂。古多的生活似乎正在走上正軌。

　　但這只是表面現象而已。古多雖然能很好地適應監獄裡的生活，並遵守規矩，卻根本無法理解遵守規矩的生活方式，只是在監獄的強力管制下不得不按照規矩來。在監獄裡，古多只是行為發生了改變，但他的內心卻並未被改變，他也從來沒有對自己的犯罪行為進行過反思，不然不會出獄後就犯下了一系列性質更加惡劣的罪行。

　　對於古多來說，他的人生就是由犯罪組成的，他從 12 歲起就開始頻繁犯罪，他的思維已經變成了犯罪的模式，如果放棄犯罪，他將會覺得自己的人生無所事事。也就是說，如

在監獄裡舉行婚禮——馬克·古多

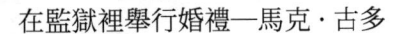

果古多放棄了犯罪，他根本找不到什麼來替代自己的犯罪生活方式，這意味著他之前全部的生活方式都要發生改變，這會讓他無所適從。

though
原因不明的臭味
——安東尼·索維爾

原因不明的臭味──安東尼・索維爾

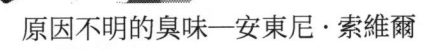

從 2007 年起，俄亥俄州克里夫蘭市東部的帝國大道 12205 號附近開始出現一股原因不明的臭味，當地住戶覺得臭味的源頭是附近的一家香腸工廠。住戶們屢次到城市管理部門和健康部門投訴該香腸工廠，香腸工廠甚至還花費了數萬美元去清理排汙系統，但那股臭味還是揮之不去。

直到 2009 年 10 月 29 日，警方進入 12205 號住戶安東尼・索維爾（Anthony Sowell）的家中後，臭味的來源才被搞清楚。

9 月 22 日，拉頓德拉・比立普斯（Latundra Billups）來到警察局控告索維爾襲擊並性侵她。9 月中旬的一天，比立普斯接受了索維爾的邀請，到他家中喝酒。就在兩個人喝得很愉快的時候，索維爾突然發火並襲擊了她，對著她又打又掐，還拿出電線將她勒暈。

當比立普斯恢復意識時，發現自己遭到了性侵，她十分

害怕，於是劇烈地反抗起來，趁著索維爾不備從三樓的一扇窗戶跳了下去。在安全後，比立普斯越想越害怕，她感覺如果不是自己鼓起勇氣從樓上跳下來，極有可能會死在索維爾家中。於是，比立普斯鼓起勇氣來到警察局報案。

當地警察局只當這是一起性侵案，在申請到逮捕令和搜查令後只派了兩名警察到索維爾家中調查取證。當時索維爾並不在家，他在大街上遊蕩，尋找新的獵物，那條大街上有許多嗑藥的女性，很容易在毒品或美酒的引誘下和索維爾回家。兩名警察一進門就聞到了一股古怪的臭味，於是對這幢公寓進行了搜查。

兩名警察在三樓發現了兩個女人的屍體，兩具女屍就坐在那裡，已經開始慢慢腐爛。兩名警察立刻意識到了問題的嚴重性，於是叫來了更多的警察和犯罪現場調查員。

兩天後，索維爾在自家公寓附近出現，在他還沒反應過來時，就已經被警方抓住。在之後的大約一週時間內，警方在索維爾的公寓內發現了更多的女屍。

索維爾的住所有一個地下室，地下室的地板下面是供電線、水管通過的地方，裡面有一個十分狹小的空間，藏著 4 具女性屍體。索維爾的後院也不乾淨，埋著 3 具女性屍體以及另一名女性的殘骸。最後，警方又在索維爾的房間裡發現了一個人類的頭骨，頭骨被放在了一個鐵桶裡。這些證據顯

原因不明的臭味——安東尼・索維爾

示,至少有 11 名女性死在了索維爾的手中。

克莉斯特・多齊爾(Crystal Dozier)是索維爾殺死的第一個女性。克莉斯特遇害時 35 歲,有 7 個孩子,她的生活一直非常糟糕,在 13 歲時就懷孕,17 歲已經是兩個孩子的母親。或許是因為生活的不如意,克莉斯特染上了古柯鹼,常常在普萊森特大街上遊蕩著。在 2007 年 5 月 17 日,索維爾看到了遊蕩著的克莉斯特,就邀請她去自己家中喝酒。

索維爾表現得十分親切,克莉斯特就答應了。來到索維爾家中後,克莉斯特並未提高警惕,因為這裡太適合狂歡了,到處都是啤酒瓶和啤酒罐。

喝著喝著,索維爾突然撕下了自己親切、正常的面具,變得凶狠起來,他跳到克莉斯特的身上,掐住了她的脖子。這是索維爾犯下的第一起命案,在此之前索維爾只是性侵,並未殺人。

警方在索維爾房間的鐵桶裡發現的那顆頭骨屬於樂珊達・朗(Leshanda Long),她遇害的時候只有 17 歲,是索維爾殺害的女性中最年輕的一個。樂珊達儘管只有 17 歲,卻已經是 3 個孩子的母親。在索維爾被捕後,警方只發現了樂珊達的頭骨,她的親屬甚至沒有屍身可以下葬。

金・史密斯(Kim Yvette Smith)也是被害人之一,她在 2009 年 1 月 17 日被索維爾殺害。與其他被害人不同,史密

斯成長於一個正常家庭，她的生活並不糟糕，早期也不是問題兒童，她與父親的關係十分密切。在史密斯十幾歲的時候，她染上了毒品。在史密斯失蹤之後，她的父親一直在努力尋找她，甚至還給出了高額的賞金。在索維爾被捕之後，史密斯的父親透過 DNA 找到了女兒的骸骨。

早在 1989 年，一名女子來到警察局報案，她聲稱遭到了索維爾的性侵。該女子因吸毒與索維爾相識，後來被索維爾騙到家中，索維爾說她的男朋友在自己家裡等她。來到索維爾家中後，女子沒有看到男朋友，反而遭到了索維爾的襲擊。索維爾將她捆綁起來並多次性侵她。後來，索維爾便開始喝酒，直到睡著。趁著索維爾熟睡之際，女子從索維爾的家中逃了出來。

成功逃脫後，該女子一直猶豫著要不要去報警，她擔心警察會發現自己吸毒的前科。最終，女子還是決定報警。警方在了解了基本情況之後，立刻帶著逮捕令去索維爾家中，此時索維爾已經不知去向了。

1990 年 6 月 24 日，警察局再次接到一名女子對索維爾的強姦指控。那一天，該女子應邀到索維爾家中喝酒。喝到一半時，索維爾突然掐住了她的脖子，並開始毆打她。當女子不再反抗時，索維爾就強姦了她，還不停地辱罵道：「妳是個婊子，要學會習慣這樣。」

原因不明的臭味—安東尼・索維爾

到了晚上，索維爾將女子拖到樓上，繼續強姦她。期間，女子一直苦苦哀求索維爾放過她。索維爾無視女子的求饒，反而逼迫她說「是的，我喜歡這樣」。後來索維爾累了，就睡著了，女子這才有機會逃了出來。

在索維爾被捕的當天，他正在家裡睡覺。最終，索維爾因綁架、強姦等罪名被判處15年監禁。在此之前，索維爾就是警察局的常客，常常因為施暴、醉酒駕駛、持有毒品以及在公開場合酗酒等問題被警察請到警局。

索維爾很適合監獄裡一板一眼的生活，他適應得很好，他不僅聽話、遵守命令和指示，還是監獄裡的模範犯人，並參加了匿名戒酒互助組織，他知道自己有酗酒的毛病。服刑期間，索維爾透過自己的努力獲得了高中畢業證書。

2005年，索維爾獲得了釋放。此時的索維爾已經46歲，他搬到帝國大道12205號與繼母生活在一起。在索維爾服刑期間，他的父親已經過世了。

索維爾經常會以喝酒、提供住宿、舉行派對、烤肉等名義邀請女性到他家中做客。住在索維爾對面的多絲就曾被邀請過，在多絲看來索維爾並不是一個擅長花言巧語的男人，甚至有點古怪。在喝酒時，索維爾毫不忌諱地表示他進過監獄，但他聲稱自己是被冤枉的。

不久之後，索維爾的生活開始走上正軌，他交了一個女

朋友，還在一家橡膠廠找了一份工作。索維爾的女友名叫蘿莉（Lori Frazier），還是市長的姪女，在兩個人交往後，蘿莉就搬到了索維爾的家中，兩個人開始了 3 年的同居生活，經常成雙成對出入。

自 2007 年起，索維爾的生活變得支離破碎起來。蘿莉向索維爾提出了分手，並搬走了。不久之後，索維爾失去了工作，開始撿金屬廢品販賣。索維爾的收入全部拿來吸毒和喝酒。

後來，索維爾註冊了一個線上約會網站，經常在該網站上尋找一些有受虐傾向的女子，他儼然在扮演「主人」的角色，而與他約會的女性則是可以讓他訓練的「奴隸」。與此同時，索維爾所在公寓的附近開始出現原因不明的臭味。這些臭味都是腐爛的屍體散發出來的，一些女性被索維爾以參加派對或喝酒等理由騙到家中，然後被索維爾殺死。

作為一個曾因性侵罪被判入獄的人，索維爾被登記在案，會有政府官員定期到他家中進行查訪。但查訪者從未進入索維爾的家中，如果查訪者進去過，一定會注意到那股古怪的臭味。在查訪者看來，索維爾好像過得不錯，已經完全適應了社會。索維爾也總是告訴查訪者，監獄改變了他，將他變成了一個好人。

2008 年 12 月的一天晚上，索維爾家附近的一家警局門

原因不明的臭味——安東尼・索維爾

口出現了一個滿身是血的女子，她是被害人之一，名叫格拉迪絲・韋德（Gladys Wade），已經陷入昏迷之中。格拉迪斯醒來後告訴警方，她被索維爾拖到車道上毆打。最後，索維爾被逮捕了，但不久之後索維爾就重獲自由，因為證據不夠充分。此後，先後有 6 名女性死在了索維爾的手上，如果不是索維爾被捕，將會有更多的女性遇害。

在索維爾被捕前，當地警方對接連發生的人口失蹤案並未重視起來。每當警方接到被害人家屬的失蹤報案時，都會對家屬說，等失蹤者嗑完藥就會回家。從某種程度上，警方和索維爾對這些被害人都是輕視的。

這些被害人大多生活很糟糕，年紀輕輕就已經身為人母，而且一直嗑藥。例如：其中一名被害人名叫阿曼達・亨特（Amelda Hunter），她在 14 歲的時候就有了孩子，她的女兒天生失聰，還有腦性麻痺。這讓阿曼達的心情十分苦悶，於是她開始從毒品中尋找安慰。

在接受審訊的時候，索維爾表示自己扮演著懲罰者的角色，他覺得被害人已經有了孩子，就不應該整日在大街上遊蕩，更不應該酗酒和吸毒。

2011 年 6 月，克里夫蘭市法院開始審理索維爾連環殺人案。在此之前，索維爾從未向調查員提起過自己的童年經歷，但在法庭上索維爾談到了自己糟糕的童年。

在索維爾的成長過程中，父親一直缺席，他的父母在他很小的時候就離婚了，他與哥哥、妹妹由母親克勞蒂婭·加里森帶大（Claudia "Gertrude" Garrison），他們都居住在外祖母的家中，這是一幢兩層公寓，位於克里夫蘭市東部的佩奇大道，公寓後面有一個漂亮的後院，索維爾和其他孩子經常在那裡玩耍。

索維爾的周圍有許多非常強勢的母性角色，他的母親和外祖母都很嚴厲，經常毆打孩子，會用電線將孩子抽打到流血為止。

1968年，此時的索維爾9歲，他的阿姨因慢性病去世，於是阿姨的6個孩子全都搬來與索維爾一起居住。從此之後，家庭暴力在這個家庭中發生得越來越頻繁。索維爾的母親克勞蒂婭扮演著施暴者的角色，她總會毆打孩子，其中阿姨的孩子挨打的次數最多。

在法庭上，在索維爾描述自己悲慘的童年生活後，立刻站出來一位女性反對索維爾的說辭，她就是莉歐娜（Leona Davis），索維爾的表妹。莉歐娜表示索維爾不僅是個被害人，同時還是個作惡者，她和自己的雙胞胎妹妹經常遭到索維爾的性侵和虐待。

克勞蒂婭在懲罰莉歐娜這對雙胞胎姐妹時，總會強迫她們脫光衣服站在那裡，即使男孩子們在場也會如此要求。然

原因不明的臭味—安東尼·索維爾

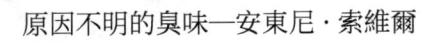

後克勞蒂婭會將她們綁到樓梯的扶欄上，並用電線抽打她們。索維爾不僅不同情這對雙胞胎姐妹，還經常誣陷她們。有一次，索維爾偷喝了外祖母的可樂，栽贓到表妹身上，這使得表妹遭受了一頓毒打並讓她連續幾天沒有飯吃。

隨著年齡的增長，莉歐娜和妹妹的身體開始發育，當她們被迫脫光衣服時，家裡的男孩子們能清楚地發現這一點，包括索維爾在內。有一天，莉歐娜被索維爾強行帶到臥室內，並強迫莉歐娜脫光衣服，最後索維爾強暴了莉歐娜，當時索維爾只有 11 歲，莉歐娜也只有 10 歲。

從此之後，莉歐娜的噩夢開始了，她經常遭受家裡男孩子們的強暴。這個家庭已經被暴力和性暴力弄得扭曲起來。

在鄰居們看來，索維爾是個害羞、膽怯的男孩，雖然內向但很懂禮貌。在街上遇到熟人時，索維爾不會主動與人打招呼聊天，不過他總是面帶笑容，當對方主動和他打招呼時，索維爾會立刻友好地回應。

在學校，索維爾並不是一個引人注目的孩子，他總是充當背景，有時候還會受到同學的嘲弄。索維爾似乎有點社交障礙，到了高中時期更加不合群。高中時期的男孩女孩身體都已發育，男孩們待在一起總喜歡討論和女人有關的話題，有些男孩甚至會在同伴們面前吹噓自己的性經歷。對此，索維爾從未融入其中。男孩們注意到索維爾的異常後，就開始

嘲笑他是個處男。

　　1978 年，索維爾為了躲避女朋友意外懷孕帶來的責任，就報名到美國海軍陸戰隊服役。海軍陸戰隊一直吸引著索維爾，在他看來能成為海軍陸戰隊的一員是至高無上的榮耀。此外，參軍對索維爾自己來說是最佳選擇，他的成績並不好，也沒有特長，很難順利地高中畢業。

　　索維爾被分配到北卡羅萊納州櫻桃點海軍陸戰隊航空站的陸戰隊第二飛行聯隊。參軍後，索維爾離開了混亂、性虐待的家庭生活環境，他的生活變得有規律起來，他還養成了許多好習慣。1984 年，索維爾被派到日本沖繩的巴特勒海軍陸戰隊基地。服役期間，索維爾的表現一直很優秀，並獲得了不少榮譽。索維爾還與一個名叫金・伊薇特・勞森（Kim Yvette Lawson）的女性結了婚，婚後不久妻子還為他生下了一個孩子。

　　軍隊的生活與監獄的生活有著相似之處，都需要遵守嚴格的規定。索維爾很適合軍隊生活，就像他因強姦罪被捕入獄後十分適應監獄的生活一樣。

　　1985 年，索維爾退役。在軍隊中，索維爾的生活被指令、紀律支配著，他就能像個正常人一樣生活。但退役後，索維爾一直不走運。在巨大的經濟壓力下，他開始酗酒和嗑藥，變得易怒，甚至還會訴諸暴力。一年之後，勞森再也無

原因不明的臭味——安東尼·索維爾

法忍受索維爾,就與索維爾離婚了,從此之後索維爾的生活更加混亂。

離婚後不久,索維爾回到了家鄉。此時索維爾的家鄉已遠不如從前,變成了貧困和犯罪的聚集地,這裡到處都是妓女和毒品交易,嗑藥已經成為一種風潮。在這種混亂的環境中,索維爾變得更加放縱。

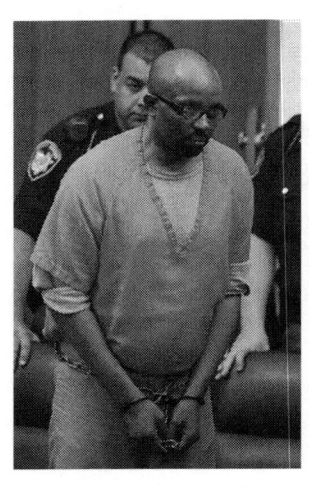

索維爾所犯下的確鑿的11起謀殺案,案發時間主要集中在2007～2009年,其中,2009年索維爾殺害了8名女性,這說明索維爾的殺人行為一直在不斷地更新。最終,索維爾被判處了死刑,執行注射死刑的日期定在2012年1月29日。後來,索維爾和他的新任辯護律師以媒體過度曝光影響了審判的公正性為由提起了上訴。2016年12月8日,俄亥俄州最高法院駁回了上訴請求,維持原判死刑,並將行刑日期定在了2020年11月18日。2017年5月,索維爾再次向美國最高法院提起上訴。

【生活空間與歸屬地】

在犯下連環謀殺案前，索維爾是個連環強姦犯。強姦不單單是性交，更是控制，索維爾能從強姦中獲得力量上的優勢。在索維爾少年時期，他生活在一個充滿了暴力和性虐待的混亂家庭中，這種成長環境讓索維爾學會了如何看待女性，他會從與表妹莉歐娜強行發生性關係的過程中獲得權力感。

在軍隊中，索維爾是個模範軍人。在服刑期間，索維爾是個模範犯人。在與蘿莉建立了穩定的男女朋友關係並找了一份穩定的工作時，索維爾是個正常的男人。但當索維爾的生活沒有了紀律和面臨巨大壓力的時候，他就會陷入一個失敗、沒落和混亂的世界。

被害人都是被索維爾掐死的。有時，索維爾會用電線、繩子等物勒死被害人；有時，索維爾的雙手會成為他的殺人工具，他會直接將被害人掐死。扼殺是一種非常嚇人的殺戮方式，對於連環殺手來說卻是一種非常享受的殺戮方式，能讓他們在下手的時候感受到對方的生命正在漸漸消失，在這

原因不明的臭味—安東尼·索維爾

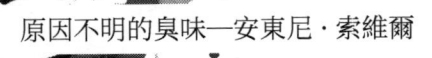

個過程中連環殺手會產生一種力量感，覺得自己完全掌控了對方的生命。總之，扼殺是對力量和對某個人的控制力的終極表達。

對於每個人來說，歸屬地是一個十分重要的生活空間，人們可以從中獲得安全感和舒適感，這個地方通常是人們的家。當然不是所有的人都會把家當成歸屬地，有些人也會把自己的工作地點當成歸屬地。對於大多數連環殺手而言，歸屬地往往也是他們選擇殺人的地點。

索維爾實施性侵和殺戮的地點都是在他的家中，他還將被害人的屍體藏在了家中，當家裡藏不下時，他開始將屍體埋在後花園裡。索維爾為什麼要這麼做呢？將屍體藏在家裡，對索維爾來說是一種巨大的風險，只要有人活著走出他的家，或者警方進入他的家，他所有的犯罪行為都會曝光，而且滿屋子都是能證明他罪行的證據。研究顯示，當一個人從事犯罪活動的時候，通常傾向於將地點選擇在自己住所附近，他會覺得這是自己的歸屬地，讓自己覺得安全。有些連環殺手傾向於在歸屬地實施殺人行為，有些連環殺手則會在同一地點或同一區域殺人。此外，對於索維爾來說，被滿屋子的屍體包圍著就相當於被自己的成果包圍著，儘管屍體會散發出令人難以忍受的惡臭。

並非所有人的歸屬地都是固定不變的，有一些人的歸屬

地會一直發生變化。通常情況下,有兩類人的歸屬地會經常發生變化。一類人是流浪者,另一類人則是因工作原因需要定期從某地到另外一個地方,例如卡車司機。著名的笑臉殺手吉斯·傑普森就是一個長途司機,他在殺人後會寄信給警方或媒體,信中常常畫著笑臉。

在歸屬地問題上,常見的連環殺手類型有三種。第一種類型的連環殺手會將歸屬地作為犯罪現場,例如索維爾;第二種類型的連環殺手由於歸屬地一直在變化,所以會隨處犯下命案,例如傑普森這個笑臉殺手;第三種類型是混合型的,會在殺人的時候不停地更換自己的歸屬地,例如著名的連環殺手泰德·邦迪在犯下連環殺人案期間曾多次搬家。

原因不明的臭味─安東尼・索維爾

自認不如垃圾有用的宅男
── 加藤智大

自認不如垃圾有用的宅男─加藤智大

秋葉原位於日本東京東北部，是世界上著名的電器街，這裡除了電器商品專賣店外，還有許多商店、飯店和咖啡店。每逢週日，秋葉原就會變得異常熱鬧，許多人都喜歡來這裡玩耍和逛街。而且秋葉原在週日時，會禁止車輛通行，專門供步行者使用，還被稱為「步行者天堂」。

秋葉原還是御宅一族喜愛去的地方，這裡有女僕咖啡館，街頭咖啡店的女孩為了招攬生意，專門穿著女僕制服，笑著向行人發傳單或遞紙巾。等客人走進咖啡店後，就會有穿著電玩人物服裝的服務員迎上去，用甜美的聲音對客人說：「您回來啦，我的主人。」這是女僕咖啡館特意製造的一種「女僕侍奉主人」的家庭情調氛圍。此外，扮演女僕的服務員還會為客人提供購物嚮導、陪吃飯、唱卡拉OK的服務。對於御宅族來說，秋葉原就是聖地所在，他們都會來秋葉原體驗一把被女僕服務的感覺。

2008年6月8日中午12點30分，一輛五十鈴牌白色廂式貨車行駛到秋葉原電車站附近鬧市區一處十字路口時，突然闖過紅燈，以每小時40公里的速度衝進了熙熙攘攘的人群，有5名行人來不及躲避，被貨車撞倒和碾壓。最後，貨車在撞上一輛計程車後被迫停了下來。行人們都以為發生了車禍，紛紛圍上去看熱鬧。這時，貨車上的司機拿著藍波刀與匕首從駕駛座上衝了下來，他一邊揮舞著手中的刀具，一

邊瘋狂地大叫道：「殺了你們這幫渾蛋！」

在之後的短短兩分鐘內，這名司機先後在 100 公尺×70 公尺的範圍內刺傷了 12 名行人和施救者。現場的警察看到情況不對勁後，立刻呼叫秋葉原警察局，要求火速派警力支援。而當時街道上都是行人，人們都被這種場面嚇傻了，東京的街頭從未出現過這種情況，一時間場面大亂。

5 分鐘後，增援警察趕到案發現場。在目擊者的帶領下，警察找到了行凶的司機，警察從行凶者手中奪下一把刀刃長度為 13 公分的格鬥刀具後，行凶者立刻束手就擒，警察隨後用手銬將他銬住，以故意傷害的罪名將其帶走。當時一名警察不解地問道：「為什麼要襲擊行人？」行凶者回答說：「對生活感到苦悶、厭世，來秋葉原就是為了殺人，任誰都可以。」

下午 1 點左右，救護車趕到案發現場搶救傷者。被害人中村勝彥（74 歲，男）、藤野和倫（19 歲，男）、川口隆裕（19 歲，男）、小巖和弘（47 歲，男）、宮本直樹（31 歲，男）當場相繼死亡；武藤舞（21 歲，女）和松井滿（33 歲，男）在搶救數小時後不治身亡。在這 7 名被害人中，除了前三人是被貨車撞死外，剩下的被害人都是在被刺傷後流血過多而亡。此外，還有 10 名傷者被送到醫院救治。該案件發生後立刻在日本引起了轟動，這是日本 30 多年來發生的最嚴重的刑事殺人案。

自認不如垃圾有用的宅男—加藤智大

行兇者名叫加藤智大，28 歲，是「關東汽車」下屬的靜岡縣裾野市工廠的工人。這份工作不僅收入少、不能參加養老保險和失業保險，還隨時面臨著被解僱的風險。在 2008 年 5 月 29 日，加藤智大接到了工廠的解除勞動契約通知，從下個月起，他就不用上班了。其實，當時失去工作的不只加藤智大一人。由於世界金融危機的影響，許多家公司都出現了裁員的現象。

除了要找工作外，加藤智大還要找新的住處，因為勞務派遣公司通知他，6 月底必須得搬出宿舍。那幾日，加藤智大苦惱不已，他十分擔心自己找不到工作，還可能會流落街頭。

6 月 5 日，加藤智大來工廠上班時發現，自己的連體工作服不見了，他覺得這是工廠故意想趕走自己，於是激動不已的加藤智大找到了工廠負責人，他拿起桌上的咖啡杯朝著牆面狠狠砸去，然後大喊道：「為什麼工作服沒有了？這是什麼破工廠！」鬧了一會兒後，加藤智大從工廠裡跑了出去，從那以後加藤智大就沒有再去上班。

離開工廠後，加藤智大以為自己一定被工廠開除了，他開始上網在論壇上傾訴自己的煩心事。6 月 6 日，加藤智大在論壇上留言說，他馬上就要被轟出宿舍，他覺得自己生活得太絕望了，想要殺人。之後加藤智大繼續不停地在論壇上

留言:「你們都去死吧!反正你們都看不起我!這個月我就會被開除,我想去自殺。」加藤智大想在東海道鐵軌上臥軌自殺,卻得知東海道因為有人自殺已經全線停運。於是加藤智大就想開車撞人,然後被警察抓住判處死刑。

在案發當日的早晨 5 點 21 分左右,加藤智大在論壇上留了一句話:「我要在秋葉原殺人,先用汽車撞人,不行就用刀殺。」6 點多,加藤智大留言:「時間到了,出發吧。我扮演一個好人早已習慣了,可以輕鬆騙過大家。」之後加藤智大一直不停地留言來記述自己的行動路線,在中午 12 點 10 分左右加藤智大留下「動手的時間到了」這句話後,就開始行凶。後來加藤智大告訴警方,他在網路上釋出這些消息是為了引起警察的注意,然後由警察來阻止他,但根本沒人理他,於是加藤智大覺得自己被整個世界無視了,他決定按照計畫實施瘋狂的報復。

加藤智大還留言抱怨說,自己沒錢沒女友,如果他有個女朋友,就不會辭職,也不會終日與電腦手機為伴,那麼他一定不會對生活如此絕望。末尾,加藤智大還說:「你們這群心懷希望的人,是不可能明白我的內心感受的。」加藤智大的這番留言不僅沒有得到網友們的安慰,反而備受嘲諷。

案發前兩日,加藤智大來到福井縣一家護身武器用品店,在這裡他花了 3.5 萬日元,購買了 6 把匕首和皮手套、

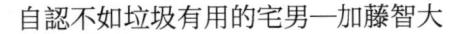

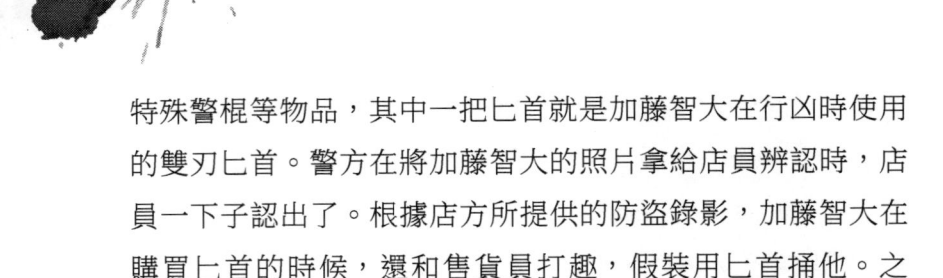

自認不如垃圾有用的宅男—加藤智大

特殊警棍等物品，其中一把匕首就是加藤智大在行凶時使用的雙刃匕首。警方在將加藤智大的照片拿給店員辨認時，店員一下子認出了。根據店方所提供的防盜錄影，加藤智大在購買匕首的時候，還和售貨員打趣，假裝用匕首捅他。之後，加藤智大將自己的電腦和遊戲賣掉，用拿到的錢租了一輛小貨車。

秋葉原事件發生後的一段時間內，日本各地相繼出現了模仿加藤智大的風潮。在案發後的半個月內，網路上出現了大量的危險言論，許多網友紛紛揚言要像加藤智大一樣製造大屠殺，畢竟在日本，像加藤智大這樣承受巨大壓力的人不在少數。後來警方採取了強制的壓制方式，逮捕了12名發文者、警告了5人，這股風潮才算被壓了下去。

居住在神戶市西區的大山和歌是一名38歲的無業女子，她在受到加藤智大的影響後，在大阪站的月臺上先後用鋒利的小刀劃傷了3名女子，等被害人感到手臂疼痛時，大山和歌早已離去。後來警方根據監控錄影找到了她。

日本的安全問題也因此飽受爭議，一名外國女記者嘆息道：「日本安全的神話就此破滅了！」秋葉原的電器生意也因此受損，沒有人願意去一個治安差的地方消費、遊樂。

加藤智大在行凶時所使用的刀具具有較強的殺傷力，日本政府為了避免悲劇的再次出現，決定加強《刀槍法》的執法

力度，凡是沒有正當理由者，均不得攜帶刀刃長度超過 6 公分的刀具。

6 月 9 日，東京的許多人紛紛自發來到秋葉原進行哀悼，一名哀悼者在接受採訪時表示：「我聽說行凶者喜歡打遊戲，但我想他應該知道，在現實生活中沒有重新開始的按鍵。」

被捕兩天後，加藤智大說自己患有精神病，他不論在現實生活中，還是在網路中，都是孤獨一人，因此想做一些能引起所有人注意的大事，所以才會用貨車、刀具殺傷他人。

同日，加藤智大的父母公開向人們道歉：「我們的兒子犯下了如此嚴重的罪行，影響了社會的安定，我們深感抱歉。在此，我們還要向被害人及其家屬致歉。」一天後，加藤智大也公開為自己所犯下的罪行道歉。

7 月 7 日，東京地方檢察廳宣布加藤智大就是製造秋葉原事件的凶手，但加藤智大是否需要為此承擔刑事責任，還需要接受精神鑑定。

10 月 6 日，為加藤智大進行精神鑑定的專家得出結論，加藤智大的精神狀態十分正常，沒有嚴重的精神病，具有分辨善惡的能力，在行凶時帶有強烈的殺意，而且行凶前做了一系列的準備和計畫。

10 月 10 日，加藤智大被以殺人、殺人未遂、持有違法刀械等罪名起訴。在庭審中，加藤智大雖然認罪，但不承認

自認不如垃圾有用的宅男—加藤智大

自己有錯，他將一切責任都推給日本社會，他還提及了母親對自己施加的虎狼式教育，認為都是「虎媽」害了他。最終加藤智大被判處死刑，儘管他的辯護律師提出加藤智大可能患有精神障礙或精神失常，但法官和檢方均認為加藤智大的精神很正常，具有完全責任能力，應該將他這樣的惡魔判處死刑。隨後，加藤智大被送到東京拘置所等待死刑的來臨。

加藤智大出生於本州島最北部的青森縣青森市，他的父親在金融機構工作，母親是個沉默寡言的家庭主婦，他還有一個比他小兩歲的弟弟。加藤夫婦一心想讓加藤兄弟出人頭地，尤其對加藤智大這個長子充滿了期待，對他管教得十分嚴格。

小學時，加藤智大在學校的表現很優秀，成績不錯，還在全市珠算比賽中拿過第二名，十分擅長游泳和跑步。這種情況一直維持到加藤智大上高中，高中時的加藤智大不僅成績下滑，還有暴力傾向，沒有同學願意和他交朋友。

據加藤智大的小學同學和朋友反映，加藤智大在小學時很受同學們歡迎，但後來加藤智大像變了一個人似的，不再有活力，反而看起來呆呆的，很內向。

加藤夫人在管教兒子上，十分嚴苛，甚至嚴苛得有些變態。她對加藤兄弟制定了許多規矩，例如每週只能看一集卡通、只能玩一個小時的電子遊戲，除此之外，加藤兄弟的所有時間和精力都得用在讀書上，像看漫畫、玩玩具、看課外

書這些同齡人都在做的事情，對加藤兄弟來說都是奢望。在加藤兄弟成年後，他們的父親再也忍受不了母親的嚴苛，提出了離婚。

加藤夫人堅信只有嚴苛的教育才能出人才，她會每天檢查他們的作業，他們的作業必須得完美到讓老師眼前一亮。如果加藤夫人發現了錯誤或者字體不工整，那麼加藤兄弟就必須將作業重新寫一遍，而不是簡單地用橡皮擦掉改正。

為了鍛鍊加藤兄弟的意志力，加藤夫人會強迫他們游泳，冬天的時候穿很薄的衣服。此外，加藤兄弟的衣服還必須保持整潔，吃飯時遵守餐桌禮儀，不能將飯掉在地上。不然加藤兄弟就會被罰站，一站就是好幾個小時。有一次，加藤一家人在一起吃飯時，加藤智大不知做錯了什麼，突然被母親懲罰，母親將他的飯、菜、湯都倒在一張報紙上，然後命令加藤智大到角落裡將這些都吃掉。當時加藤智大已經13歲了，他一邊吃報紙上的飯，一邊哭泣。

加藤夫人還會對加藤兄弟的交友橫加干涉，禁止兄弟二人到同學家去玩，絕對不允許與功課不好的同學來往，與女同學之間保持距離。每天加藤兄弟回家後，母親都會盤問他們和哪個同學一起玩、那個同學的成績如何。

加藤智大以優異的成績從國中畢業後，進入名校青森高中就讀。此時的加藤智大對母親越來越憎恨，他開始朝母親

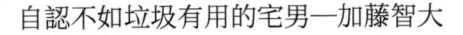

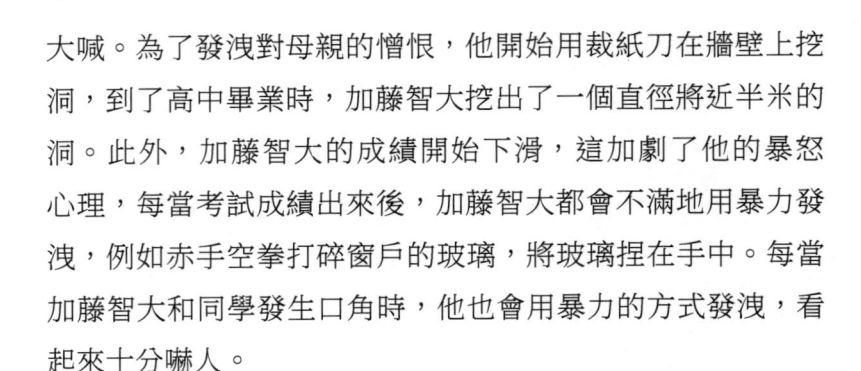

自認不如垃圾有用的宅男—加藤智大

大喊。為了發洩對母親的憎恨，他開始用裁紙刀在牆壁上挖洞，到了高中畢業時，加藤智大挖出了一個直徑將近半米的洞。此外，加藤智大的成績開始下滑，這加劇了他的暴怒心理，每當考試成績出來後，加藤智大都會不滿地用暴力發洩，例如赤手空拳打碎窗戶的玻璃，將玻璃捏在手中。每當加藤智大和同學發生口角時，他也會用暴力的方式發洩，看起來十分嚇人。

加藤智大打算考北海道大學工學院，畢業後成為一名理工科菁英，這也是父母對他的期望。但不幸的是，加藤智大落榜了，他只能無奈地到一家技工學校學習汽修，畢業後在靜岡的一家工廠當臨時工。望子成才的加藤夫人對長子失望極了，早早地切斷了對加藤智大的經濟資助，加藤智大的生活一下子變得困苦起來。

由於從小成績優秀，加藤智大經常向同事們炫耀自己以前的成績，例如國中畢業考試時是全校第一名。這讓本來就不擅長人際交往的加藤智大更加令人討厭，沒有朋友、女友的加藤智大只能透過上網來填補自己的空虛，後來他迷戀上了打遊戲，每天沉浸在虛擬的遊戲世界裡無法自拔，加藤智大尤其喜愛玩一些攻擊性強、帶有殺戮元素的遊戲。

與許多宅男一樣，加藤智大還很喜歡少女漫畫，尤其偏愛蘿莉塔風格，每逢週末加藤智大都會到秋葉原玩一玩，他

尤其喜愛女僕將自己奉為主人的感覺，他說：「我十分喜歡去秋葉原，女僕咖啡館給人的感覺真是太爽了！」

加藤智大還經常在網路上發文抱怨自己的生活，他說工廠裡的環境令人十分厭煩和噁心，那些只有國中文憑的工人根本不配和他一起工作。但據加藤智大的同事們反映，加藤智大表現得很老實、不愛說話，工作態度也不錯。

有時加藤智大也會自輕自賤：「我連垃圾都不如，垃圾還能回收。自從高中畢業後，我的人生完全是失敗的，沒有朋友，也沒有可以交談的人，世界上根本沒有人在乎我、需要我。我痛恨所有的成功人士，他們最好都死掉！」加藤智大還曾試圖自殺，卻沒有成功，在家裡養傷時，加藤智大考取了大型貨車駕駛執照。

在加藤智大被捕後，他的弟弟一直想探望他，但屢次申請都被拒絕。加藤智大的弟弟交了一個女朋友，兩人已經到了談婚論嫁的地步，但因為加藤智大，弟弟的女朋友和他分手了，她說加藤一家都不正常。

2014年，加藤智大的弟弟在家中上吊自殺，在他的遺書中寫道：「我其實是哥哥的一個複製品，實際上我們兄弟二人都是母親的複製品，一直都生活在她的陰影之下，既得不到愛，也得不到承認。但我和哥哥不一樣，我希望大家不要將我也看成一個殺人狂。」

自認不如垃圾有用的宅男—加藤智大

【情感孤獨者】

　　加藤智大從小生活在母親的嚴苛管教之下，他與母親之間從未進行過正常的交流，也就是說加藤智大與母親之間存在交流障礙。如果一個人無法從母親那裡學習到與人交流的技巧，那麼他與家人之外的人交流就會變得十分困難。此外，加藤智大的母親還會嚴格控制他交友，這使得加藤智大的交流障礙變得更為嚴重。對於加藤智大的母親來說，只有一件事情最重要，那就是讓兒子考上心儀的大學，成為社會菁英。

　　當加藤智大進入社會後，他在人際交往上變得更加無所適從，如他自己所說，他沒有朋友，也沒有女友。加藤智大之所以經常感到孤獨，是因為他有著正常的情感需求，他人性中的情感沒有得到滿足。

　　在被捕後，加藤智大雖然說自己有精神病，他的辯護律師也企圖從精神障礙的角度為他進行辯護，但不可否認的是，加藤智大有正常的心智，他能在行凶之前做準備，例如購買刀具、租車等。加藤智大甚至想好了襲擊他人的方式，

如果開車撞人受阻，那就下車用刀刺殺他人。這些犯罪步驟都十分清晰，進一步證明加藤智大的心智正常。

如果說加藤智大與正常人有哪些不同的話，那就是他有交流障礙，他與反社會人格者不同，有著正常的情感需求，但苦於交流障礙，他無法使自己的這種情感需求得到滿足，於是他總會被孤獨感所困擾。情感孤獨者有一個十分顯著的特點，即在他人面前寡言少語，即使在家人面前也是如此。

為了擺脫孤獨感，加藤智大迷戀網路遊戲和漫畫，還會在週日去秋葉原體驗女僕咖啡館的服務。但是加藤智大並不能因此而擺脫孤獨感，反而總感覺自己被忽視、被所有人無視，例如加藤智大在被捕後說，自己會在網路上寫下自己的犯罪計畫，就是想引起警察的注意。因此加藤智大在秋葉原殺人的時候，沒有固定的目標對象，只要是人就可以，他逮到誰就刺誰。

情感孤獨者會因為孤獨和被忽視而憤怒、痛苦不已，因此會出現自殺行為，加藤智大就曾在 2006 年出現自殺行為。加藤智大的弟弟雖然也存在交流障礙，但他遠比哥哥幸運，因為他有個女友，但這個女友卻在秋葉原事件發生後離開了他，他無法排解孤獨，於是選擇了自殺。加藤智大曾在網路上寫道，如果他有女友，不用整日與手機為伴，就不會因對生活的絕望而犯下如此暴行。

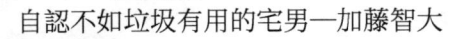

自認不如垃圾有用的宅男—加藤智大

　　加藤智大的罪行看起來十分瘋狂，但他並不是瘋子，更不是精神病人，他會這樣做是因為曾遭受過情感創傷，而這份創傷造成了他的交流障礙，以至於他一直生活在孤獨的痛苦之中。加藤智大的情感創傷是他的母親造成的，母親對他管教的嚴苛程度幾近變態，就連父親也無法忍受她的嚴苛而被迫提出離婚，加藤智大和他的弟弟終其一生都無法擺脫母親所帶來的陰影。

藏匿在盆栽中的屍體
——布魯斯·麥克阿瑟

藏匿在盆栽中的屍體——布魯斯・麥克阿瑟

從 2008 年起,加拿大的多倫多就陸續出現男子失蹤案,人們開始懷疑多倫多出現了一名連環殺手,專找男子下手。警方在調查時發現,這些失蹤男性都在一家同性網站上註冊了會員。經過 10 年的追查,警方終於查到了一個名叫布魯斯・麥克阿瑟(Bruce McArthur)的老人身上,並派警察暗中監視他,只要麥克阿瑟單獨與人在一起,就可以立刻將其逮捕。

2018 年 1 月 18 日上午,監視麥克阿瑟的警察發現他帶著一位年輕男子走進了他位於索恩克利夫公園一帶的公寓。負責監視麥克阿瑟的警察立刻覺得這名年輕男子凶多吉少,於是馬上向上級申請逮捕令。當警察破門而入的時候,年輕男子已經被麥克阿瑟綁在床上,差點就要被殺害。

隨後,警方申請到搜查令,開始搜查麥克阿瑟的住處。警方在麥克阿瑟的盆栽裡發現了許多不完整的人體碎塊,那剩下的屍塊呢?考慮到麥克阿瑟是園林設計師,警方懷疑麥克阿瑟將部分屍塊藏匿在了客戶們的盆栽中,於是警方開始尋找麥克阿瑟的客戶。

羅恩・史密斯和凱倫・弗雷澤這對情侶就居住在馬洛里新月街,曾請麥克阿瑟設計他們後院的花圃。弗雷澤在這裡已經居住了 32 年,她所住房子後面有一大片山谷,景色十分迷人,常常有野鹿等動物出沒。在十多年前,弗雷澤透過男友史密斯的妹妹認識了麥克阿瑟。當時麥克阿瑟表示想找個

地方擱置園藝工具，弗雷澤表示她的車庫有很大的地方，如果麥克阿瑟能幫她鋤草，他就可以免費使用車庫。後來，麥克阿瑟開始幫助弗雷澤做越來越多的園藝工作，經常會搬來1公尺高的大型盆栽。

警方帶著警犬來到弗雷澤家中，並告訴她和史密斯，他們有20分鐘的時間來打包貴重物品，然後就得馬上離開這棟房子，因為警方要在這裡進行調查。後來警犬在後院的花圃上狂叫不已。警方從花圃中挖出了3具屍骸。

由於被害人的屍體被損壞得面部全非，警方只能透過DNA來確認他們的身分。最終警方確認了7名被害人的身分，他們都是近10年的失蹤者。被害人都有一個共同的特點，即同性戀，而且都是中年人，大部分在40歲以上。其中大部分被害人是南亞人或中東人。

當麥克阿瑟是個連環殺手的消息被公開後，凡是認識他的人紛紛表示根本不敢相信。麥克阿瑟的妹妹桑迪·伯頓說：「他是一個好哥哥、好父親、好朋友，他十分樂於幫助他人，他不會去殺人的。」曾在伊頓購物中心與麥克阿瑟共事過的約翰·福特在得知這個消息後說：「布魯斯看起來就是一個普通人，他脾氣很好，總是面帶微笑。」麥克阿瑟還經常到郊區的購物中心扮演聖誕老人，哄孩子們開心，這樣的人誰也想不到他是個連環殺手。其實，麥克阿瑟在警察局裡留下了許多犯罪紀錄。

藏匿在盆栽中的屍體—布魯斯・麥克阿瑟

麥克阿瑟的母親艾萊・麥克阿瑟在 1978 年去世。3 年後，麥克阿瑟的父親馬爾科姆・麥克阿瑟也去世了。在成為一名園林設計師之前，麥克阿瑟曾在伊頓購物中心做過一段時間的採購。在同事們的眼中，麥克阿瑟從來沒有發過脾氣，總是面帶微笑。

1981 年，麥克阿瑟的妻子珍妮絲為他生下了一個女兒，取名為梅蘭妮。1986 年，珍妮絲為麥克阿瑟生下了一個兒子，取名為托德。托德在 2014 年被判入獄 14 個月，因為他在電話裡騷擾女性。托德的辯護律師曾解釋說，托德是個無法控制自己行為的人，他患上了一種名為「電話騷擾癖」（telephone catalogue）的心理疾病。

當麥克阿瑟與妻子珍妮絲離婚後，就開始混跡於一個叫韋爾茲利的同性戀社區，還註冊了戀父癖的網站，到處尋找可以百分百順從他的同性戀，這些人可以配合他玩一些危險的性愛遊戲。

2002年，麥克阿瑟因用一根鐵棍襲擊一名男性賣淫者被警方逮捕。這一次麥克阿瑟被判處了兩年緩刑，並被禁止接觸同性戀社區。

在2010年，多倫多同性戀區男子的陸續失蹤開始引起人們的重視。其中一名失蹤者40歲的斯堪達拉‧納華坦（Skandaraj "Skanda" Navaratnam）最先被媒體報導。後來南亞愛滋病預防聯盟的執行董事哈蘭‧維加雅納坦為了讓多倫多的警方重視這些同性戀失蹤的案件，還特地寫信給警方。

當麥克阿瑟被捕後，這起在多倫多史無前例的連環殺手案立即被媒體報導。社會各界都在譴責警方，認為這麼多年警方的破案工作都沒有進展，警方如果能儘早將凶手抓捕歸案，就不會有那麼多人被害了。但警察總長馬克‧桑德斯表示，他們本來是可以早點抓住麥克阿瑟的，警方也知道有同性戀頻繁失蹤，但沒有人向警方提供有用的線索，所以警方的調查工作進行得十分緩慢。桑德斯的這番話立刻遭到了猛烈的抨擊。

加拿大多倫多警察局負責調查此案的漢克‧伊德辛加在新聞釋出會上表示，警方懷疑麥克阿瑟利用工作之便，將屍體藏匿在花園的地下或花壇底部，所以希望凡是請麥克阿瑟設計過花園的人都能盡快與警方取得聯絡。

警方透過進一步調查發現，麥克阿瑟曾在多倫多市的同

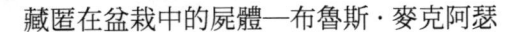

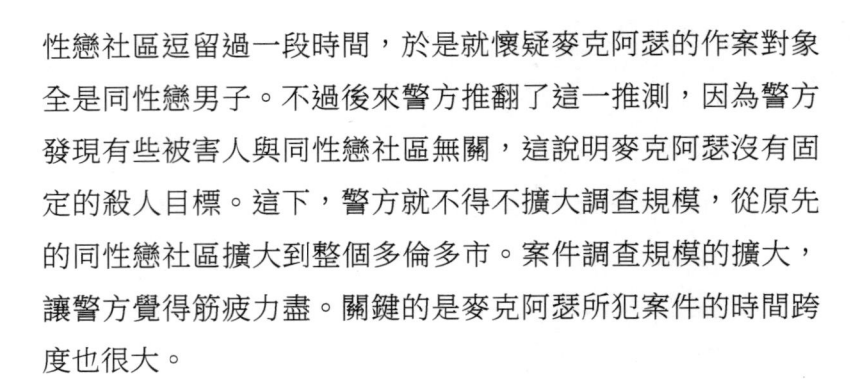

藏匿在盆栽中的屍體—布魯斯·麥克阿瑟

性戀社區逗留過一段時間,於是就懷疑麥克阿瑟的作案對象全是同性戀男子。不過後來警方推翻了這一推測,因為警方發現有些被害人與同性戀社區無關,這說明麥克阿瑟沒有固定的殺人目標。這下,警方就不得不擴大調查規模,從原先的同性戀社區擴大到整個多倫多市。案件調查規模的擴大,讓警方覺得筋疲力盡。關鍵的是麥克阿瑟所犯案件的時間跨度也很大。

在麥克阿瑟被捕後,有犯罪心理學家在得知麥克阿瑟是個60多歲的老人後表示,連環殺手通常不會在晚年才開始殺戮。這意味著,麥克阿瑟從年輕時就開始作案了,他只是在晚年時被捕了,警方的調查工作又將進一步擴大。例如在1970年代曾出現過一起命案,多倫多一個名叫威廉·鄧肯·羅賓森(William Duncan Robinson)的男子在家中被人殺害,這起案件還是一樁懸案。

【罪犯的核心人格】

　　犯罪專家為什麼會認為麥克阿瑟從年輕的時候就開始作案了呢？為什麼連環殺手通常不會在晚年才開始殺戮？這與罪犯的核心人格有密切關聯。人格與一個人的整體價值觀和態度密切相關，在漫長的一生中具有穩定性，雖然可能會稍微改變，但核心部分卻是定型的。常言道：「江山易改，本性難移。」當一個人想要改變自己的核心人格時，就會發現這是一件相當困難，甚至不可能完成的事情。

　　罪犯的核心人格也是如此，他的人格的形成受到生物（遺傳）、文化、環境、個人經驗等諸多因素的影響，是經年累月才形成的，因此不可能在短時間內發生徹底的改變。不管麥克阿瑟在人們面前如何和善，他的邪惡人格早已形成，不可能突然變成一個嗜血惡魔，也不可能在晚年突然成為一個連環殺手。

國家圖書館出版品預行編目資料

完全支配,渴望成為「神」一般的殺手:敵意歸因偏誤 × 被同齡人排擠 × 期待獲得關注,曾經的受害者如何變成殺人不眨眼的惡魔？/ 凝視深淵 著 . -- 第一版 . -- 臺北市:樂律文化事業有限公司, 2024.09
面； 公分
POD 版
ISBN 978-626-7552-19-3(平裝)
1.CST: 犯罪心理學
548.5　　113012253

電子書購買

爽讀 APP

完全支配,渴望成為「神」一般的殺手:敵意歸因偏誤 × 被同齡人排擠 × 期待獲得關注,曾經的受害者如何變成殺人不眨眼的惡魔？

臉書

作　　者:凝視深淵
責任編輯:高惠娟
發 行 人:黃振庭
出 版 者:樂律文化事業有限公司
發 行 者:崧博出版事業有限公司
E-mail:sonbookservice@gmail.com
粉 絲 頁:https://www.facebook.com/sonbookss/
網　　址:https://sonbook.net/
地　　址:台北市中正區重慶南路一段 61 號 8 樓
8F., No.61, Sec. 1, Chongqing S. Rd., Zhongzheng Dist., Taipei City 100, Taiwan
電　　話:(02) 2370-3310　　傳　　真:(02) 2388-1990
律師顧問:廣華律師事務所 張珮琦律師
定　　價:375 元
發行日期:2024 年 09 月第一版
◎本書以 POD 印製
Design Assets from Freepik.com